产教融合背景下产业学院
建设运行机制的研究与实践

张卫婷 屈毅 王辉 魏迎 李焕 余云峰 著

中国商务出版社

·北京·

图书在版编目（CIP）数据

产教融合背景下产业学院建设运行机制的研究与实践 /
张卫婷等著.—北京：中国商务出版社，2023.8
　　ISBN 978-7-5103-4725-2

　　Ⅰ.①产… Ⅱ.①张… Ⅲ.①高等学校-产学合作-
研究-中国 Ⅳ.①G640

中国国家版本馆 CIP 数据核字 (2023) 第 095057 号

产教融合背景下产业学院建设运行机制的研究与实践

CHANJIAO RONGHE BEIJING XIA CHANYE XUEYUAN JIANSHE YUNXING JIZHI DE YANJIU YU SHIJIAN

张卫婷　屈毅　王辉　魏迎　李焕　余云峰　著

出　　版：中国商务出版社	
地　　址：北京市东城区安外东后巷 28 号	邮　编：100710
责任部门：发展事业部（010-64218072）	
责任编辑：周青	
直销客服：010-64515137	
总 发 行：中国商务出版社发行部（010-64208388 64515150）	
网购零售：中国商务出版社淘宝店（010-64286917）	
网　　址：http://www.cctpress.com	
网　　店：https://shop595663922.taobao.com	
邮　　箱：295402859@qq.com	
排　　版：旧雨出版	
印　　刷：北京银祥印刷有限公司	
开　　本：710 毫米×1000 毫米　　　1/16	
印　　张：9.25	字　数：160 千字
版　　次：2024 年 1 月第 1 版	印　次：2024 年 1 月第 1 次印刷
书　　号：ISBN 978-7-5103-4725-2	
定　　价：69.00 元	

前　言

　　本书从产业学院的起源、发展历史、国内研究的局限，产业学院的理论基础（契约论、博弈论、优化理论），产业学院的相关制度（国家指导性文件制度、相关省份出台的相关制度以及产业学院实施主体的规章制度等），产业学院的建设内容（人才培养模式、建设标准、课程体系、教学创新团队、技术服务平台等），产业学院的保障机制（组织机制、运行机制、评价机制）等方面开展研究，为研究产教融合、校企合作的教育者和企业提供理论借鉴和实践支撑。

　　本书由咸阳职业技术学院张卫婷、屈毅、王辉、魏迎、李焕、余云峰联合撰写。在本书的撰写过程中，特别感谢南京第五十五所技术开发有限公司的大力支持和无私帮助，以及为本书的出版提供帮助的其他企业和各位同事，在此一并表达感谢。

目　　录

第一章 产业学院研究综述

本章从产业学院的起源、国内发展情况、研究成果、实践效应，以及研究思路和方法等内容进行阐述。

第一节 研究背景

一、产业学院的起源

早在 20 世纪 60 年代，日本就建立了一系列产业大学，如 1965 年京都产业大学成立，同年大阪交通大学改称大阪产业大学。1996 年英国公共政策研究所在其发表的《产业大学：创建全国学习网》研究报告中首次提出"产业大学"的概念。从这个报告的名称可以看出，所谓的"产业大学"就是一个网络学习平台。1998 年英国教育与就业部出台相关政策，开始在全国推广产业大学。这里的"产业大学"可能类似于我国的"国家开放大学"网校，通过网络提供教育服务。教育课程的提供者可能是大学，也可能是其他教育机构，甚至可能是个人。学习者可以通过上网参加学习。无法上网的学习者可以通过街头的线下学习中心购买碟片学习。与我国"国家开放大学"网校不同的是，英国"产业大学"是公司合营组织，因此很多人将它与中国的产业学院联系在一起。

2012 年，我国开始进行职业院校设立产业学院的实践。2014 年，国务院印发《关于加快发展现代职业教育的决定》首次提出股份制，允许以资本、知识、技术、管理参与办学，并享有相应的权利。2015 年，教育部印发《高等职业教育创新发展行动计划》提出探索发展混合所有制二级学院。2017 年，国务院印发《国务院关于深化产教融合的若干意见》（国发〔2017〕95 号）提出鼓励企业依托或联合职业学校、高等学校设立产业学院。2019 年，国务院颁布《国家职业教育改革实施方案》提出鼓励发展混合所有制职业院校。2019 年，教育部印发《中国特色高水平高职学校和专业建设计划》，提出吸引企业联合建设产业学院，产业学院由此成为促进职业教育发展的重要抓手。

二、产业学院的价值

国内大部分学者一致认为，职业院校设立产业学院是职业院校体制机制改革的重大举措。赵章彬（2019）指出，产业学院可完善治理体系，优化治理结构，提高治理水平和办学活力。[①]吕红刚（2019）提出，校企共建产业学院体现了"共建学院、共用资源、共同管理、共育人才、共享利益、共担风险、共谋发展"的校企合作共赢机制。[②]黄文伟、郭建英、王博（2019）认为，应围绕产业学院开展各项配套制度建设。[③]

三、产业学院建设中面临的困境

产业学院推动校企融合向纵深发展，提升了办学效益，但是在探索与实践过程中出现了许多问题。杨应慧、杨怡涵（2018）指出，高职院校产业学院发展存在政府政策支持力度不够、主体参与积极性不高，职责不清、治理方式不够健全，利益共赢难以达成、产业学院运作成本较高等问题。[④]朱跃东（2019）指出，当前产业学院面临着独立性不够、行政色彩浓厚、运作成本高昂等问题。[⑤]

四、针对产业学院问题的一些对策

许多产业学院的实践者在产业学院建设过程中针对存在问题提出了一些建议。张艳芳（2019）指出，要在学院运作层面建立"共同体"机制，并在文献中提出，产业学院的办学宗旨要从"营利性诉求"向"非营利性坚守"回归。[⑥]徐伟蔡、瑞林（2018）提出，要建立适当让渡企业利益的退

[①] 赵章彬. 高等职业院校混合所有制改革研究——从治理体系角度[J]. 中国职业技术教育，2019（04）：43-46.

[②] 吕红刚. 高职院校二级学院混合所有制改革探索[J]. 中国职业技术教育，2019（10）：70-74.

[③] 黄文伟，郭建英，王博. 混合所有制产业学院的生成逻辑与制度建设[J]. 职业技术教育，2019（03）：35-39.

[④] 杨应慧，杨怡涵. 产教融合背景下高职院校产业学院发展研究[J]. 职教论坛，2018（12）：114-118.

[⑤] 朱跃东. 高职混合所有制二级产业学院建设的实践之惑与应对之策[J]. 中国职业技术教育，2019（01）：61-67.

[⑥] 张艳芳. 混合所有制产业学院的历史缘起、现实困境与未来展望[J]. 职业技术教育，2019（13）：40-44.

出机制、降低企业投入资产的专用性。①万伟平（2020）提出，建立现代化的治理结构，优化产业学院的运行机制，构建多层次的能力提升机制。②李北伟、贾新华（2019）提出，基于产业转型升级的基本逻辑，形成有效的专业设置审核机制、实时的动态预警调整机制等。③

但在国家大力支持职教发展、鼓励多方参与的大背景下，鲜有文献从产业学院教学体制机制和人才培养方面进行研究与实践，这就是本课题研究的出发点。

第二节 研究思路和方法

一、课题的研究内容

（一）产业学院办学的体制机制

第一，建立多元主体参与的办学决策体制。通过多元主体参与，组织多元主体参与的专业建设委员会、教学指导委员会等组织机构，针对产业学院的办学理念、教育教学等重大事项进行协商和制定决策。

第二，建立新技术导入机制。借助产业学院开放创新的组织界面，精准对接信息产业新业态、新技术、新规范，合理对标行业企业标准，构建行业头部企业内部人才培养培训体系，推进产教深度融合。

第三，建立高效协同创新机制。借助产业学院与信息产业深度对接的成果，将其建设为区域创新体系建设的主力军。立足区域信息产业发展，加强与政府、企业、科研院所、行业协会等多元主体合作，以产业学院为载体，共建技术技能研发服务中心、创新创业中心等，共组科创团队，共同开展技术攻关、研发、服务等，推进"产学研用"协同创新。

第四，建立共担共赢机制。立足产业学院的复合型功能定位，协同推进多元主体决策机制、人力资源管理与开发体制、教学运行与科研评价机制等，加大产业学院改革承载力度。强化责任共担、利益共享、多方共赢

---

① 徐伟蔡，瑞林. 交易成本：校企共同体产业学院治理的关键[J]. 中国职业技术教育，2018（09）：43-47.
② 万伟平. 现行机理下产业学院的运行困境及其突破[J]. 教育学术月刊，2020（03）：82-87.
③ 李北伟，贾新华. 基于产业转型升级的高职院校专业设置优化策略研究——以广东省为例[J]. 中国高教研究，2019（05）：104-108.

等微观机制设计，构建内外部创新要素顺畅的服务支持体系，打造具有"产学研用"价值的生命共同体。

（二）产业学院的人才培养

第一，共建产业学院跨专业特色班。建立以工作坊为基础的跨专业特色班，共同制订人才培养方案，引入企业课程、真实项目，共同组织、协调教学资源和开展人才培养活动，提高产教融合人才培养的规模性和系统性，满足行业企业一人任多岗的复合型人才的需求。

第二，共创校企无缝对接培养模式。从理论到实践，从校园到企业，以推进生产性知识和学校专业性知识融合为目的，以人才培养供给侧与产业需求侧结构要素无缝对接为导向，从专业建设、人才培养、师资培养、技术技能创新、文化传承、国际交流等方面深化产教融合的人才培养模式改革，实现人才培养的系统性、校企对接的紧密性、学生就业的适应性、职业生涯的发展性。

二、课题的创新之处

（一）探索了产业学院办学的体制机制

以校企共建产业学院的实践为基础，按照"先规划、后实践，边建设、边实践"的原则，从办学决策机制、新技术导入机制、协同创新机制、共担共赢机制等方面研究了产业学院建设的体制机制。

（二）构建了跨专业特色班的产业学院人才培养模式

以产业学院跨专业特色班为载体，加强"校政企行"等多方合作，构建校企无缝对接培养模式。搭建服务领域内产业的技术技能平台、形成专业课程融入传统文化和爱国情怀的新思路、建设服务共建"一带一路"倡议的信息技术发展的新通道。

三、课题的研究思路、研究方法、技术路线和实施步骤

（一）课题的研究思路

本课题以咸阳职业技术学院计算机应用技术高水平专业群建设项目为对象，研究了产业学院的办学体制机制和产业学院的人才培养模式。第一，研究了产业学院办学的决策机制、新技术导入机制、协同创新机制、共担共赢机制等内容；第二，依托产业学院，组建跨专业特色班，研究了校企合作人才培养模式；第三，校企合作制订了多元主体育人实施方案并实践；

第四，评价优化产业学院的体制机制、培养模式、实施方案以及再实践；
第五，评价总结建设成效，形成可供借鉴的研究成果和案例。

（二）课题的研究方法

本课题主要采用的方法包括调查法、查阅文献法、讨论法、归纳总结法等，如图 1-1 所示。

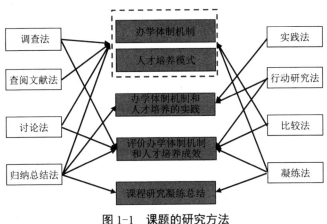

图 1-1　课题的研究方法

（三）课题的研究技术路线

本课题的研究技术路线，如图 1-2 所示。

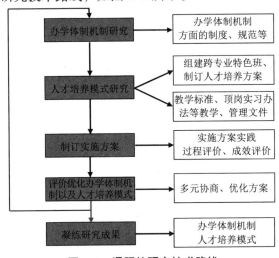

图 1-2　课题的研究技术路线

其一，调研国内外院校产业学院建设的经验、借鉴国内外院校成功的做法，联系学院的实际情况，制定产业学院在办学体制机制等方面的制度、规范等文件。其二，组建产业学院跨专业特色班，制订特色班人才培养方案、教学标准、顶岗实习管理办法等。其三，构建校企融合人才培养模式，制订实施方案。其四，对教学实践过程的评价机制、教学质量评价的机制和人才培养模式的效果等方面，提出改进和优化措施，再实践再优化。其五，总结、凝练、提升形成成果，在省内外推广。

第二章　产业学院的相关理论

第一节　产业学院的概念

一、产业学院的界定

"产业学院"的概念源自英国教育与就业部提出的"产业大学"的概念，主要目的是利用现代化网络技术向企业和个人提供开放式的远程学习方式，以提高企业的生产力和个人的就业能力。我国产业学院不同于英国产业学院。学者覃晓航在1988年发表的论文中提出创建"产业学院"，这是我国最早的产业学院概念。

产业大学（University for Industry）作为一个专有名词，最初由英国公共政策研究所在1996年发表的《产业大学：创建全国学习网》报告中提出。需要指出的是，从内涵上看，该研究所提出的产业学院并不是传统意义上的大学组织，而只是一种推行远距离学习的机构。此处产业的内涵则是指其提供的学习产品与服务主要面向产业界。作为一个专有名词，其本身就存在着较大的争议。也就是说，虽然产业学院作为一个专有名词的概念出现较早，但是其与我国当前大力推进建设的产业学院在内涵上的联系不是很大。

与我国产业学院实践探索相对应，最初对产业学院内涵的研究主要以高职院校为对象，但近年来，以本科院校为研究对象的成果呈现逐步增多的趋势。总的来说，当前对产业学院内涵的研究主要有"教学基地说""教育平台说""整体属性说""办学机构说""新型办学组织说"等代表性观点。

此外，与产业学院类似或相关的概念还有行业学院。常熟理工学院最早提出"行业学院"的概念，并进行了卓有成效的探索与实践。在行业学院的定义上，较有代表性的是朱林生等提出的观点，即行业学院是指那些本没有行业背景的高校，为体现服务地方的深刻性而主动选择将其所处区域的若干支柱行业（产业）作为主要服务对象，并与行业和主干企业合作办学，从人才培养、科学研究、社会服务和文化传承创新等方面追求与行业协同发展，追求其对行业的支持度。

综上所述，当前关于产业学院内涵的研究尚存在一些不足：其一，研究对象较单一，主要集中于高职院校，以本科院校为研究对象的研究成果较少。其二，内涵界定不够明确和完整。"教学基地说"将产业学院作为一种实践教学基地，存在较大的偏狭性和不科学性，如果产业学院只是一种实践教学基地，那么提出产业学院的新概念就显得有点多余了。"办学机构或办学实体说"认为，产业学院是一种与传统二级学院不同的新型办学机构，指出了产业学院建制的新逻辑、举办主体的多元性及组织性，但对学院产业性的关注相对不足。"教育平台说"与"办学机构或办学实体说"类似，只是看到了产业学院具有的办学主体多元性和开放性等特征，但由于教育平台是一个具有较为宽泛意义的词，因此将其用于界定产业学院就显得不够精确。"整体属性说"则与上述观点不同，将产业学院视为高校的一种独特属性。产业学院作为一个新的专有名词，其实质上是一种与传统二级学院不同的新型办学组织，因此将其仅仅理解为一种属性略欠科学性和合理性。

产业学院作为一个名词，由产业和学院两部分构成。从词义看，在现代意义上，产业一般有狭义和广义之分。狭义的产业，是指生产物质产品的集合体，包括农业、工业等，但不包括商业，有时专指工业；广义的产业，是指一切生产物质产品和提供劳务活动的集合体，农业、工业、商业等均被包括在内。总的来说，产业是指由具有不同分工、利益相互联系的相关行业组成的业态的总称，主要围绕共同产品展开。学院则主要是指高校内部的二级学院。因此，"产业"是一个修饰性的词，表明产业学院是与传统二级学院存在较大差异、主要面向产业的新型组织机构。在对产业学院内涵的理解上，本书认同产业学院在本质上是一种新型办学组织的观点。

二、产业学院特点

要对产业学院的概念有一个更为全面、科学的理解，就应基于逻辑定义的规则，根据当前产业学院的实践探索，结合理论研究情况，通过与传统二级学院进行对照分析的方式，来进一步探讨产业学院的本质特征。为此，我们首先需要厘清产业学院与高校及传统二级学院的关系。产业学院的建设形式主要有两种：一种是由部分二级学院依托优势学科专业，与外部主体合作建立的隶属于二级学院的办学机构，在组织层级上相当于系；另一种是遵循社会需求逻辑，直接由学校建立的二级学院，与传统的二级学院在组织层级上是平级的。从产业学院与高校及传统二级学院关系的角度看，产业学院是隶属于高校的二级学院，与传统二级学院具有较大差异的新型办学机构，其差异主要表现在以下几个方面。

（一）封闭性与开放性

大学在建立之初的相当长一段时间内会拥有"象牙塔"的美誉，与外部联系较少，具有极强的封闭性。在此背景下，在学校内部，由于专业学科领域的不同，作为高校组成部分的二级学院同样具有较强的封闭性。在知识经济时代，高校逐步由封闭性程度较高的"象牙塔"转变为一个复杂的"巨型机构"。高校与社会上其他组织的界限日趋模糊，高校的开放程度越来越高。学院等基层组织是高校的"学术心脏"，高校的开放性最终需要由学院的开放性来体现。产业学院正是基于新的产业逻辑，以问题和社会需求为导向而创建的具有较强开放性的新型办学机构。

（二）保守性与创新性

与其他社会组织相比，一直以来，大学是一个具有浓厚保守性的组织。保守性对大学发展具有积极的一面，在一定程度上契合了大学组织的特殊性。与工业社会经济发展主要依靠要素驱动不同的是，在知识经济时代，知识成为核心要素，创新成为社会经济发展的第一动力。高校作为构建区域创新系统的主力军，需要通过大力推进组织和体制机制创新，提升服务、支持乃至引领区域社会经济发展的能力。与传统二级学院相比，产业学院的产生本身就是改革创新的产物，其在组织建制逻辑、组织架构、师资队伍、课程、管理等方面均具有较强的创新性。

（三）分割性与跨界性

传统二级学院组织建制遵循的是学科逻辑，依据不同学科建立相应学院。随着学科分化程度的不断加深，表现在高校组织架构上就是二级学院的数量越来越多，高校规模越来越大。从当前各个学校二级学院之间的关系来看，二级学院在日常的教学和管理上具有较强的分割性，学院与学院之间在资源分配等方面的竞争关系要大于二者的合作关系。随着社会复杂性程度的加深，原有以单一学科为主的知识已无法完全适应社会发展需要，越来越多的社会问题需要突破学科边界才能得到解决，因此学校在教学中应以问题为导向，整合多元学科知识，使学科发展趋向跨界性和综合化。

以社会需求或产业需求为导向而建立的产业学院，具有集聚整合教育资源、促进高校内部综合改革和打造教育价值共同体等多重功能。很多产业学院是遵循产业需求导向，由多个二级学院合作建立的，突破了传统的学科组织建制逻辑，具有较强的跨界性。

（四）适应性与引领性

在传统社会，与封闭性、保守性相关联，社会对高校的要求相对较低，高校功能相对较少。高校适应性的特征对具有较强稳定性的传统社会具有适切性，传统二级学院主要也是在自己的相应领域履行好适应性或服务性的角色即可。随着以人工智能等为代表的高新技术的飞速发展，在当前"百年未有之大变局"的时代，社会变革呈现迭代加速的特征，社会对高校的要求也越来越多、越来越高。高校不但要适应社会的发展，还需要提升自身的能力，引领社会尤其是产业的发展。在"新工科"建设全面推进的背景下，人工智能学院等面向未来高新科技和高端产业的新型学院在高校里得以创建。与传统二级学院相比，这些新型二级学院主要面向未来发展需要，具有强烈的时代性和引领性。

（五）单一性与多样性

由于遵循统一的学科逻辑，传统二级学院在办学体制、组织架构、师资、课程、教学模式等方面具有较强的同构性和可复制性。产业学院具有的开放性、创新性、跨界性、引领性等新特征决定了其在建设中不存在统一和标准的模式。区域产业需求是地方本科高校建立产业学院的逻辑起点。由于不同区域的产业具有较大的差异，为了提升服务、支持和引领区域产业转型发展的能力，产业学院建设需要具有鲜明的特色性和多样性。

就外延而言，具有产业学院本质属性的机构都可以被归入产业学院的范畴。在上述对产业学院概念研究的介绍中，提到的实践教学基地、一般意义上的教育教学平台等不能算作产业学院，但行业学院等可以归属于产业学院。

产业学院是以提升职业院校服务区域产业能力为目标，整合地方政府、职业院校、行业协会、龙头企业和产业园区的资源，建立以人才培养为主，兼有学生创新创业、技术创新、科技服务、继续教育等，多主体、多功能深度融合的新型办学实体。产业学院是当前职业教育最有效的"产教融合、校企合作"模式之一，是教育链、人才链与产业链、创新链有机衔接的结果。2020 年，教育部办公厅、工业和信息化部办公厅印发《现代产业学院建设指南（试行）》（教高厅函〔2020〕16 号），标志着产业学院建设进入新阶段。在大力发展职业教育的国家战略背景下，从历史的角度厘清现代产业学院发展历程，从实践的角度探析其组织特征，针对当前面临的问题"对症下药"，构建现代产业学院新路径，对深化产教融合、校企合作，引领产业升级和技术进步，推动职业教育高质量发展具有重要的现实意义。

第二节　产业学院的发展

一、起步试点阶段（2012—2016 年）

这一阶段以 2012 年前后广东等地区高职院校成立"专业镇产业学院"为标志，其特点是以某一专业对接某一专业镇的产业需求，培养区域产业或行业发展需要的岗位人才。产业学院办学实践带动了国内职业教育办学模式改革，人们将"产业学院"看成是"校企合作、工学结合"创办中国特色高职院校的现实途径。我国产业学院建设先有实践探索，后有政策支持和理论支撑。2012 年，党的十八大提出"加快发展现代职业教育"，国家围绕这一战略出台了一系列制度措施，有效推动了产业学院试点建设。如2014 年 5 月国务院印发的《关于加快发展现代职业教育的决定》（国发〔2014〕19 号，以下简称《职业教育决定》），提出"发挥企业重要办学主体作用""探索发展股份制、混合所有制职业院校"。2015 年 10 月，教育部印发《高等职业教育创新发展行动计划（2015—2018 年）》（教职成〔2015〕9 号，以下简称《职业教育计划》），将现代职业教育体系理念贯穿始终，部署了发展动力、发展模式等六个方面高职创新发展内容；强调"鼓励企业和公办高等职业院校合作，举办适用公办学校政策、具有特征的二级学院"。《职业教育决定》和《职业教育计划》为探索建设具有特色的产业学院提供了政策支持。

在试点建设的基础上，在政策支持下，产业学院实现了从自发实践向自觉探索的转变。部分高职院校结合自身发展情况和办学特色，探索创办具有特征的二级学院——产业学院。如中山职业技术学院与专业镇政府或企业合作，按照"一镇一品"的模式，建设沙溪纺织服装学院、南区电梯学院、大涌红木家居学院和小榄学院，构建了"镇校企行"协同育人机制，推进了专业、产业、职业、学业、就业紧密相连，实现了"专业与产业"与"人才与市场"无缝对接，以及学校、镇区、行业、企业多赢。

二、加速发展阶段（2017—2019 年）

这一阶段以党的十九大提出"完善职业教育和培训体系，深化产教融合、校企合作"为标志。该阶段的特点是打破以专业学科组建二级学院的逻辑，以专业链（群）衔接区域产业链（群），形成满足区域产业链发展需要的人才链。

2017 年 12 月，国务院办公厅印发《关于深化产教融合的若干意见》(国办发〔2017〕95 号，以下简称《意见》)，要求"促进教育链、人才链与产业链、创新链有机衔接"，同时强调"鼓励企业依托或联合职业学校、高等学校设立产业学院"，并将产业学院建设列入促进产教融合的国家战略。《意见》为高职院校依托优势特色院系或骨干专业、寻找产业学院建设的最佳契合模式，提供了目标愿景和行动指南。此后，国家密集出台了推动职业教育发展、促进产教融合的系列措施。

2019 年 1 月，国务院印发《国家职业教育改革实施方案》(国发〔2019〕4 号)，要求"推动校企全面加强深度合作，推动职业院校和行业企业形成命运共同体"，进一步强调行业企业的主体地位。同年 10 月，国家发展改革委、教育部等联合印发《国家产教融合建设试点实施方案》(发改社会〔2019〕1558 号)，明确指出"深化产教融合，促进教育链、人才链与产业链、创新链有机衔接，是推动教育优先发展、人才引领发展、产业创新发展、经济高质量发展相互贯通、相互协同、相互促进的战略性举措"，进一步强调"四链"有机衔接的重要作用。产业学院位于产业链、教育链与创新链"三链"的融合处和边界重叠区，是推动教育链、人才链与产业链、创新链有效衔接的重要路径，是职业教育实现产教融合、校企合作的重要载体。

在政策引领下，产业学院发展从局部试点向全国推广，产业学院数量迅速增加。以广东省为例，截至 2018 年，已经建成独具特色的产业学院超过 200 个，覆盖 20 多个产业领域。同时，相关研究成果快速递增，在知网以"产业学院"为主题搜索的结果显示，2017 年论文发表为 9 篇，2020 年达到 92 篇，是 2017 年的 10 倍。专家学者从不同的研究视角，对产业学院的内涵进行了界定和阐释。部分院校以"四链衔接"推动产教融合、校企合作，通过"以链建院、以链成院"的模式开展产业学院建设。例如，2018

年广州科技贸易职业学院依托广州市教育局与广州市开发区管委会合作共建的动漫游戏产业学院，打造涵盖动漫设计（产业链上游）、动漫产品及影视产品制作（产业链中游）、动漫游戏产品的展览与营销（产业链下游）的人才培养链条，围绕"产业链"打造"人才链"，有效化解了广州开发区动漫产业发展的人才供给侧与需求侧之间的矛盾。

三、提质培优阶段（2020 年至今）

这一阶段以 2020 年教育部办公厅、工业和信息化部办公厅印发《现代产业学院建设指南（试行）》（教高厅函〔2020〕16 号，以下简称《建设指南》）和《职业教育提质培优行动计划（2020—2023 年）》（教职成〔2020〕7 号，以下简称《行动计划》）为标志，产业学院建设由此进入国家级示范项目推动的新阶段，即"提质培优"新阶段。产业学院由"传统"向"现代"迈进、由"数量"向"质量"转变。这一阶段的特点是职业教育专业体系围绕区域产业生态圈打造人才生态系统。《建设指南》是教育部针对现代产业学院建设出台的第一部规范性文件，要求在特色鲜明、与产业紧密联系的高校，建设若干高校与地方政府、行业企业等多主体共建、共管、共享的现代产业学院，旨在引导高校瞄准与地方经济社会发展的结合点，突破传统路径依赖，探索产业链、创新链与教育链之间的有效衔接机制，为应用型高校建设提供可复制、可推广的新模式。虽然《建设指南》所指的现代产业学院建设对象是应用型高校，但其对高职院校也具有很强的参照指引作用。《行动计划》提出"大幅提升新时代职业教育现代化水平和服务能力，为促进经济社会持续发展和提高国家竞争力提供多层次高质量的技术技能人才支撑"，强调进一步深化职业教育供给侧结构性改革，促进职业教育与产业人才需求的精准对接；《行动计划》指出"研制职业教育产教对接谱系图，遴选建设一批产教融合型城市，推动试点城市建设开放型、共享型、智慧型实训基地"，从中可以看出，国家在深化产教融合、校企合作方面更注重以项目的形式整体推进。

2021 年 10 月，中共中央办公厅、国务院办公厅印发《关于推动现代职业教育高质量发展的意见》，旨在破除深层次体制机制障碍，推动职业教育高质量发展。该意见强调职业教育供给与产业需求对接，以市场需求为导向，动态调整职业教育的层次结构和专业结构，健全多元办学格局，协同推进产教深度融合。该意见特别强调"推动校企共建共管产业学院、企业学院，延伸职业学校办学空间"，并对新时期现代产业学院建设提出了新的指向，鼓励职业院校"走出"校园，进驻企业和产业园区建设产业学院。国家系列重大文件政策的出台，标志着职业教育和产业学院建设迈入提质培优、增值赋能、以质图强的新阶段。

在国家职业教育政策的推动下，在"双高计划"（中国特色高水平高职学校和专业建设计划）等重大项目的引导下，现代产业学院朝着高质量发展目标迈进。部分高职院校对接区域战略支柱产业和战略新兴产业，对标《建设指南》和《行动计划》，结合"双高计划"项目，探索高水平现代产业学院改革路径，建设模式更加灵活，产权结构更加多元，服务功能更加丰富。例如，深圳职业技术学院紧跟深圳产业前沿、技术前沿，与行业领军企业紧密合作，2018年以来，成立了百科融创·arm·智能硬件学院、华为信息与网络技术学院、阿里巴巴数字贸易学院等11个特色产业学院，力推以提高企业能力为导向的教学改革，将领军人才认证等用人标准转化为教学标准，及时将新技术、新工艺等融入课程内容。广东轻工职业技术学院，积极探索校企办学模式，推进"一群一院一联盟"产业学院建设，推动产教共享资源、共建师资、共育人才，主动对接广东现代服务业、先进制造业、电子信息、生物医药等支柱产业，依托二级学院与优势专业，先后成立了化妆品学院、雷诺钟表学院、SGS测试学院、白天鹅学院等10个产业学院，促进了跨界深度融合，增强了办学活力，逐步改造了专业教学及人才培养、供应的整个链条。

第三节　产业学院的模式

一、高职院校产业学院的实践演变由浅入深

我国产业学院的实践演变，经历了从萌芽、成长再到繁衍的发展过程。

（一）萌芽阶段（2007—2013年）

产业学院的理念、理论构建时期。2003年，一则通讯报道认为，产业学院产生之初的主要目标是为了培养高级人才。2007年，浙江经济职业技术学院教师徐秋儿发表论文《产业学院：高职院校实施工学结合的有效探索》，提出了"产业学院"的概念，如认为产业学院是指高等职业院校在与企业深度合作基础上建立的实践教学基地，是高职院校实施工学结合的有

效形式。在随后的实践中，高职院校牵头建设的产业学院不断涌现。浙江建设职业技术学院充分依托浙江建筑行业各大型集团公司的产业优势，加快实施与各个集团的紧密合作，实现了全方位、多层次、多功能的产学互动，构建了校企合作战略合作伙伴关系，探索了高职教育产业学院办学模式的创新之路。此外，一些本科院校也建立了产业学院，其中以成都大学建立的产业学院数量最多，包括成都大学旅游文化产业学院、软件产业学院、生物产业学院等。中山职业技术学院开办了面向产业集群的高职教育模式的产业学院,进一步推进了职业院校产业学院的发展。2007—2013 年，高职院校中产业学院经历了从概念雏形，到院校与大型企业集团合作建立产业学院，再到高职院校与地方政府合作共建，构成了高职产业学院的萌芽阶段。

（二）成长阶段（2014—2017 年）

产业学院的持续探索时期。2014 年，中山职业技术学院经济管理系教师郑琦发表论文《产业学院：一种利益相关者共同治理的高职办学模式》，认为产业学院是高职院校为更好地服务区域产业，与产业中龙头企业深度合作形成的联合办学新模式。随后，浙江省宁波城市职业技术学院建设了"滕头园林产业学院"，构建了以产业链—行业—专业链为主线，与行业龙头企业联合组建的产业学院；浙江经济职业技术学院与浙江物产物流公司共建了"物流产业学院"，形成了一套产教深度融合的协同育人机制；中山职业技术学院在专业镇产业学院发展模式、人才培养质量保障体系、产业学院组建形式等方面不断探索，同时在产业学院的制度创建、产业学院的设计与运行模式等方面不断改革创新。广东省、四川省等地，以人才需求为导向，以产业为纽带，围绕区域经济发展的特色产业学院逐步出现，深入推进了高职教育的产教融合。可以说，2014—2017 年是高职院校产业学院的成长发展阶段。

（三）繁衍阶段（2018 年至今）

产业学院快速发展、深入推进时期。2018 年开始，高职院校各类产业学院开始快速组建和发展，山东工艺美术学院的青岛电影产业学院、浙江医药高等专科学校的医药产业学院、四川信息职业技术学院的华迪 IT 产业学院纷纷成立。福建省评出高校示范性产业学院，如龙岩学院成立的龙净（环保）产业学院。广东省成立广州市产教融合示范区，示范区以广州开发区高技能人才公共实训鉴定基地为依托，共建广州市区块链产业学院（广州番禺职业技术学院）、广州市物联网产业学院（广州城市职业学院）、广州市动漫游戏产业学院（广州科技贸易职业学院）等 7 个产业学院，形成了产业学院的繁衍阶段。

2018 年至今，产业学院的内涵逐步明晰，实体组织建设呈现快速发展的势头，理论深入研究比较集中，如在资源互补、利益共享、组织架构等方面，以及产业学院的共建共管、组织制度创新、内部治理创新等方面不断深入研究。

二、新时代产教融合的国家政策支持力度逐渐加大

为在新一轮产业结构变化的国际竞争中建立可持续发展的人才和技术竞争优势，形成适应产教融合发展需求、体现终身教育理念的职业教育体系，国家对产教融合的政策支持力度逐渐加大，产业学院的建设发展方向更加明晰。

（一）确立高职教育产教融合人才培养模式的理念与内涵

2013 年，中共中央印发《关于全面深化改革若干重大问题的决定》，提出"深化产教融合、校企合作"，在职业教育改革发展的顶层设计中确立了"产教融合"的理念。办学是高职院校寻求发展的新思路和突破口。2014 年，国务院发布《关于加快发展现代职业教育的决定》提出："探索发展股份制、职业院校，允许企业以资本、知识、技术管理等要素参与办学并享有相应权利。"高职院校开始了办学模式的探索、实践，多主体办学格局逐步形成。2019 年，国务院发布《国家职业教育改革实施方案》提出，以产教融合、校企合作为重点内容，要求营造企业承担职业教育责任的浓厚社会氛围，推动职业院校与行业企业形成命运共同体。这意味着具有新时代高职院校人才培养特点的产教融合、校企合作全面开始。

（二）加大高职教育产教融合中对企业发展扶持政策的力度

为了鼓励企业与高职院校开展产教融合，国家对企业的政策优惠力度不断加大。2014 年，国务院在《关于加快发展现代职业教育的决定》中，要求企业将开展职业教育的情况纳入企业社会责任报告中；2016 年，全国人民代表大会常务委员会发布关于修改《中华人民共和国民办教育促进法》（第二次修正）的决定，明确了产教融合企业税收优惠的方法，以鼓励企

业接纳学生进行顶岗实习；2017 年，国务院在《关于深化产教融合的若干意见》中，对符合兴办职业教育学校的试点企业，赋予抵免该企业一定比例的当年应缴教育费附加和地方教育附加的红利；2019 年,《国家职业教育改革实施方案》明确提出，运用"金融+财政+土地+信用"和税收优惠的叠加方式激励"产教融合企业"，鼓励校企合作学校获得智力、专利、教育、劳务等报酬，同时要求实行职业教育年度质量报告公开制度。国家政策对产教融合发展中的企业进行支持，进而助推高职产业学院的发展和壮大。

三、推进高职教育产业学院模式建设的理念不断深化

国务院在《现代职业教育体系建设规划（2014—2020 年）》中，鼓励构建大型企业、科研机构和行业协会建立或参与建立以服务产业链为目标的产教和科教融合发展、专业特色明显的"特色学院"。国务院办公厅在《关于深化产教融合的若干意见》中指出，要引导企业深度参与职业学校、高等学校的教育教学改革，推行面向企业真实生产环境的任务式培养模式，鼓励企业依托或联合职业学校、高等学校"设立产业学院"。教育部办公厅、工业和信息化部办公厅在《现代产业学院建设指南（试行）》中提出，在特色鲜明、与产业紧密联系的高校中，建设若干与地方政府、行业企业等多主体共建、共管、共享的"现代产业学院"。可以看出国家政策文件从"建设特色学院"到"设立产业学院"，再到建设"现代产业学院"，政策支持力度不断加大，无疑给产业学院的建设发展指出了更加明确的方向。

第四节　产业学院的研究内容

一、产业学院的研究内容

（一）促进产教融合，实施"多元"育人措施

为了推动校企深度合作，突破校企合作的"桎梏"，发挥政府、行业、学校、企业多主体办学育人的积极性和主动性，实现共建共享共赢，国家对产业学院的改革发展转向了混合所有制和股份制。国内众多学者已从体制机制、法律诠释等多视角解读了产业学院的内容。

（二）服务地方经济和社会发展

产业学院是一个实体化组织，发挥了政府、行业、企业、学校等有形和无形资源协同办学的优势，整合了产业资本和教育资源，夯实了产业与教育的经济基础，融合了职业教育资源与行企设备、技术等资源，体现了行业企业在合作办学中的主体地位，易于实现办学主体的多元化，能更好地响应区域产业链发展的需求，并围绕产业链打造专业链，实现学历教育教学、社会技术技能培训、助推域内中小微企业创新发展等综合化服务功能。

（三）产业学院建设体制机制研究

随着对职业教育的深入研究，若将产业学院作为一种办学组织，将会涉及治理机制、产权结构等问题，但囿于办学法律体系的缺位，会引发许多现实问题。《高等职业教育创新发展行动计划（2015—2018 年）》^①提出建立二级学院有效回避了"企业法人或事业单位法人"的属性风险。相对学校层面而言，其试错成本低、操作性强，可以作为产业学院建设的稳妥方案，并可以取得客观的建设成效。目前，全国许多高职院校依据办学特色，结合区域经济发展，开展了多种形式的产业学院实践，形成了校企共建产业学院（如山东海事职业学院与滨海旅游集团共建游艇产业学院）、政校企共建产业学院（如河南经贸职业学院、南阳卧龙综合保税区与河南御兆实业有限公司共建的"一带一路"产业学院）、校行企共建产业学院（如湖北工程职院与黄石市建筑业协会以及龙头企业扬子建安集团共同组建黄石建筑产业学院）等一大批服务地方经济发展的产业学院。

二、产业学院的改革途径

产业学院是一种新型多元合作办学模式，有效整合了区域产业、行业和企业等创新资源与学校教育资源，推进了"政校行企"等优质多主体资源有效融合，实现资源共建共享、优势融合互补、协调创新发展，打造产教培研创价值命运共同体，形成协同育人、服务产业发展、支撑技术创新

---

① 《高等职业教育创新发展行动计划（2015—2018 年）》旨在贯彻落实《国务院关于加快发展现代职业教育的决定》和全国人民代表大会常务委员会职业教育法执法检查有关要求，创新发展高等学校职业教育，通过三年的建设，实现高等学校职业教育整体实力显著增强、人才培养质量持续提高、服务经济社会发展水平显著提升、高等教育结构优化成效更加明显的目标，从而推动现代职业教育体系日臻完善。

的综合优势。

（一）做好顶层设计、构建多主体协同合作的治理结构

从办学主体和机制层面而言，产业学院引进行业组织、产业园区、企业等主体资源，突破了政府办学主体的单一性，趋向多主体的混合制，形成了一种多元协同的深层次合作。但鉴于多主体各自利益点、价值观等的多元化，构建多主体协同、有效运作的治理结构成为当前产业学院改革和发展的第一要务。

依据合作博弈理论，团体理性的基础是效率、公平、公正；团体存在的条件是整体收益大于其每个成员单独经营时的收益之和，以及应存在具有帕累托改进性质的分配规则（每个成员都能获得不少于不加入联盟时所获的收益）。要保证实现和满足这些条件，则要求团体内部成员之间的信息是可以互相交换的，所达成的协议必须强制执行。在产业学院多主体合作的组织场域内，共建、共育、共享人才培养与培训、技术创新发展、社会服务等公共事务，需要设计一个治理机构，以规范多主体间各自扮演的角色以及承担的义务、享受的权益。

（二）建立多主体参与的决策体系

产业学院是一种多主体共建共管的混合制办学实体，改变了政府与学校单一的管理方式，分化了管理权限，提升了内部治理的开放性，形成了多元共治结构。但各办学主体利益、价值观等核心要素诉求的差异性则需强化顶层设计，从办学目标、组织架构、权利义务、利益分配等方面协商达成合作协议，保障产业学院健康、持续发展。

所以，产业学院就需要构建开放、民主、科学的"平等协商，民主集中"决策体系，组建多主体教学指导、专业建设等委员会，充分听取教育部门、合作院校、行企组织等利益主体的诉求，以对话、协商等方式就体制机制、资金投入、办学理念、人才引进与管理、岗位设置与人员聘用、绩效奖励分配、经费财产管理、教学质量评价等重大事项作出决策，形成规章制度，实现多主体合作的"善治体系"，从而规划形成产业学院组织结构，理顺产业学院内部多主体间关系，创新管理工作机制。对接学校层面的相关制度规定，制定产业学院内部的人财物和教科研制度等，完善相关运行体制机制，厘清学院和产业学院间权利与义务的分配关系，营造和谐的外部环境和内部积极向上的工作氛围，这些都需要在办学实

践中继续探索、完善。

（三）构建多主体参与的管理机构

建立产业学院内部组织结构、内部治理结构、规章制度和管理体制。合作多元主体共同组建产业学院的决策机构——产业学院理事会，实施产业学院院长负责制，以达到精简办事程序、疏通改革堵点、激发工作激情。

通过产业学院理事会，完善组织架构、管理模式，对接学校职能部门，成立内部管理机构，明确权利和责任，建章立制，简政放权，形成激励到位、发展良好的运行机制。其中，一是管理机构设置与人员聘考的权利，包括产业学院内部机构设置和人员聘评，专业、课程等发展规划，教科研管理，以及专业带头人、教创团队建设等；二是教科研方面的权利，包括人才培养方案、专业教学标准、课程标准、岗位标准，以及顶岗实习标准等标准的制定，课程、教材、实训基地等教学资源的建设，教学研究、科学研究、社会培训、技术创新、技能大赛等社会服务等方面的创新发展，以及日常的教学和学生管理等事务；三是招生、就业创业方面的权利；四是经费管理方面的权利，包括经费预算、使用、分配等计划的制订，以及科研、培训专项经费的管理与使用等。

（四）建立依法治理的制度体系

产业学院运行遵循依法治理准则，其多主体合作方以契约为合作基础，以章程为运行规范，明确了责权关系，增加了透明度，消除了纠纷，减少了摩擦。同时，依据国家关于产教融合的相关文件、法规的出台，经多方对话，协商完善契约、章程等合作文件中相应的相应条款，做到动态调整、及时优化。建立健全产业学院人、事、财，以及基地建设、资产管理和审计等重大事项的监管办法，以保证合作各方正常履行的权利和义务。在国家大政方针允许的条件下，探索更深层次、更广范围的校企合作模式。

三、构建产业学院的人才培养路径

（一）确立产业学建设规范和标准

产业学院作为职业教育办学模式的创新，办学实践仅仅 15 年，国家对其的宏观政策法规尚未成体系，无论在实践还是在理论研究、制度体系等方面都有待实践和深化。如果要使办学目标、运行和成效达到预期的效果，第一要务是明确产业学院建设发展规范和内涵，确保不偏离建立产业学院的初衷。由于职业院校的办学定位、培养规格、教育资源和理念等呈现多元化，以及所在地产业发展定位、规模千差万别，造成职业学校在与行企等组织共建产业学院时，无成熟的办学模式和运行模式可供复制、照搬。这就要求产业学院在组建产业学院前期，调研分析域内产业发展定位、发展规模、人才需求等要素，结合自身的办学优势和特色，瞄准与域内经济社会发展的结合点，创新办学模式，服务域内经济社会发展。科学制定建设规范和标准，通过对话、协商机制，与共建主体确定产业学院建设规划，明确各方设备、技术、资源等教学要件的转移标准、教学标准、基地建设标准、师生考核评价标准等规范，确保产业学院健康持续发展。

产业学院以服务域内产业转型升级发展为牵引，联合域内政行企等机构，实施共建、共管、共赢的办学模式，为域内产业新动能转化提供人才支持和智力支撑。

产业学院建设要以坚持产业为要，产教融合，育人为本，创新发展，聚焦人才培养、专业群建设、课程开发、教创团队、产教融合平台、社会服务能力、管理体制机制七大建设任务。引导产业学院聚焦域内经济社会发展，促进教育链、人才链与创新链、产业链有机衔接，建立多主体合作共建人才、信息、技术与资源共享机制，创新协同育人机制，构建教师聘评机制，构建专业群与产业链发展联动机制，探索实践产业学院集人才培养、技术创新、社会服务、创新创业等功能于一体的办学模式。例如，宿迁学院和京东公司共建产业学院就是一个成功的案例。该产业学院在建设过程中实施了"两转一化""两融一新""两聚一高"的办学思路，通过"四建一推动"措施，促进了产业学院的实体化建设。

（二）建立评价体系，严把质量红线

产业学院具有多元化、社会化、公益化等多重属性。办学主体的多元化会造成不同主体的不同诉求，会对产业学院改革发展产生一定的影响，因此，在办学过程中需建立育人评价体系，对人才培养过程进行"诊改"[①]。其一，要协调多元办学主体间的利益关系。在育人评价体系建设中，评价主体包括教育部门、职业院校、行企等其他办学主体，以及第三方评价机构，从而实现全方位、全过程、多维度对育人过程"诊断"与评价，平衡

---

① 高职院校内部质量保证体系诊断与改进工作简称"诊改"工作。

各办学主体的利益需求。其二，实施全方位、开放性评价。产业学院建设初衷是契合服务域内产业发展，那么产业学院办学评价应从培养的人才对域内产业发展的支持度和教职员工对域内产业发展的服务两个层面设置评价指标。例如，可对毕业生在域内的就业率、横向课题、技术服务转化、项目孵化等指标进行评价。其三，构建立体化评价内容。产业学院是一种新型的多元主体合作办学，从国家宏观层面到微观层面的实践上看还处于探索和实践阶段，可借鉴现有的单一办学模式的成熟实践，并结合多主体办学中不同主体的利益诉求，在评价过程中将结果评价与过程评价相结合、成果和效益相结合、制度建设与模式创新相结合进行评价。

四、产业学院的保障措施

（一）人才培养是产业学院建设的价值

产业学院作为国家政策大力支持实践探索的一种产教融合、校企合作的新模式，其发展的价值在于能更好地为域内产业发展和驱动创新提供人才支持和智力支撑，这样才能吸引更好、更多的人、财、物投入产业学院。

因此，要树立产业学院育人的质量意识、质量观、质量标准，建立科学的质量监控与"诊改"体系是育人质量的保障。合作主体共建教学"诊改"委员会，制定教学评价、检查、反馈等相关管理文件，对日常的教学管理和学生管理、教学过程、毕业生质量追踪等方面进行检查、评价、反馈、反思、"诊改"，从质量改进、质量提升、质量控制三个方面保障育人质量，为域内产业发展提供人才支持和智力支撑。

（二）深化改革是产业学院持续发展的动力

产业学院是产教融合、校企合作的新平台、新载体。作为一种新的办学模式，如何建和如何建好、建优，无成熟的案例经验可供借鉴，需要各个职业院校不断在实践中深化合作、创新运行模式，在人才培养、技术服务与推广、员工技术技能提升等方面提供优质的服务。产业学院要联合多元合作主体，与域内企业在人才培养、技术服务、科技研发、技术推广与转化等方面开展全面合作，服务产业发展与增值赋能。建设域内员工技术技能提升培训教育基地、技能鉴定与新技术推广基地等，促进域内产业转型升级、新旧动能转化，融入区域经济社会发展，将产业学院发展成行业内有影响、当地离不开的办学实体。

第五节 产业学院发展面临的困境

一、产业学院研究存在的问题

(一)理论研究明显滞后于实践探索

2017 年以来,随着教育部对产业学院建设的大力倡导和支持,以广东、福建、重庆等为代表的地方教育行政主管部门纷纷出台政策加大对产业学院建设的重视程度和支持力度。在实践层面,本科院校逐步成为产业学院建设的主力军,并在实践探索中取得了明显成效,形成了一些在国内具有广泛影响力的建设模式。与蓬勃发展的实践探索相比,产业学院的理论研究方面存在明显的滞后性。在"中国知网"中以"篇名"检索"产业学院",在"来源类别"中选择"核心期刊"和"CSSCI",检索到的论文总数为 49篇,文献检索时间截至 2020 年 7 月 13 日。从年度来看,以"产业学院"为主题的研究,最早开始于 2007 年;从发表的学术刊物及研究对象看,大部分论文发表于职业教育类刊物,且主要以高职院校产业学院建设为研究对象,研究题目及研究内容明确以本科院校产业学院建设为研究对象的大致为 10 篇,由此可见,相关研究论文数量极少。

产业学院作为教育教学改革的新事物,在探索初期充分发挥各方的主动性和创造性,进行自由探索与实践有一定的必要性。但当产业学院建设发展到更高阶段,如何规范与健康发展,就成为产业学院建设亟待解决的关键问题。其中对产业学院建设的必要性、内涵、建设路径等方面的理论研究就是极为关键的内容。当前,产业学院理论研究明显滞后于实践探索的情况,对产业学院建设的进一步开展产生了消极影响。以产业学院的名称为例,在当前各高校进行探索的过程中,就有产业化学院、行业学院、特色学院、新型二级学院等不同的称谓。这种名称的不统一现象,将有可能影响产业学院建设经验的交流与推广。

(二)政策供给的量和质明显不足

改革开放 40 多年来,我国高等教育改革的显著特征是"政策驱动",即每一项改革方案背后都有政府政策驱动的力量,说明我国高等教育改革的开展和推动对政策的依赖性较大。政策驱动机制的确立与我国高等教育管理体制密切相关,具有一定的科学性和合理性。本书所谈的政策外延较为宽泛，不仅包括政府制定颁布的与产业学院建设有关的政策，还包括学校自身制定的推动产业学院建设的政策。结合文献梳理及实地调研情况不难看出，当前我国产业学院建设政策在供给方面的量和质明显存在不足，无法完全适应产业学院的蓬勃发展。

一方面，产业学院建设的政策数量较为缺乏。从政府层面看，当前是将产业学院的建设设置于新工科建设、产教融合、校企合作等政策框架下，在国务院、教育部及部分省市政策文本有所涉及，尚未出台专门有关产业学院建设的政策。从学校层面看，大部分探索建设产业学院的高校制定了规范和促进产业学院建设的政策。从文件内容看，政策主要包括产业学院建设管理办法、评估办法等较为宏观的顶层设计的政策，课程建设、教师队伍建设等较为微观的内容涉及较少。

另一方面，产业学院建设的政策质量有待提升。政府和学校已经制定的与产业学院建设的有关政策的总体质量较低。目前相关产业学院建设的政策主要源自国务院、教育部及部分地方政府等，在产教融合、新工科建设等政策文本中以零散的条文形式出现，其中表述以"鼓励"等为主，并只是较为宏观地提出了支持产业学院建设的议题，但对如何建设及如何支持等着墨较少。从学校来看，由于产业学院最早源自高职院校的探索与实践，因此相对而言，部分较有代表性的高职院校在政策制定上较为完善，初步形成了相关产业学院建设的政策制度体系。本科高校由于对产业学院建设的探索时间较短，故从部分较为代表性的高校看，虽然出台了相关产业学院建设的政策文件汇编，但其具体内容与高职院校有较大的同质性，无法体现出本科高校自身的实际和特色。

（三）内涵建设和发展明显存在短板

改革开放以来，我国高等教育的发展经历了由外延式扩张到内涵式发展的道路。在外延式扩张发展阶段，扩大规模是高等教育发展的重点；在内涵式发展阶段，提升质量成为高等教育发展的主题。对产业学院的建设来说，同样也要经历这两个发展阶段。本科高校对产业学院的探索是近几年才开始的，因此其尚处于发展的第一个阶段，主要以扩大规模为主。这也体现在一些典型高校的具体做法之中，以鼓励二级学院开办更多的对接区域产业需求的产业学院为主。例如，佛山科技学院大力鼓励和支持每个二级学院建设一定数量的产业学院，目前已建设了 23 所产业学院；东莞理工学院已建成 9 所现代产业学院。

在外延式扩张发展阶段，当前大部分本科高校对产业学院的建设产业以响应和落实国家政策精神为主，即扩大产业学院建设的规模。从已建成的一些高校的产业学院来看，有相当一部分产业学院的内涵建设和发展存在明显的短板。产业学院建制及学科专业设置的产业逻辑彰显不够，大部分产业学院更多的是依托校内二级学院的部分专业，创新性和跨界性仍较为薄弱；产教深度融合、协同育人的机制尚未完全建立，产业学院的人才培养大部分任务仍由传统的二级学院承担，政府、企业、科研院所等优质育人资源还未完全导入产业学院育人全过程，产业学院与传统的实践教学基地还缺乏足够的区分度。内部治理体系建设较为滞后，尽管大部分产业学院在治理架构上进行了一定的创新，如设置了由企业人员参与的理事会、专业建设委员会等机构，企业等外部主体虽然在学院管理中具有一定的话语权，但总体而言，由于在管理层级上挂靠学校相应的二级学院，因此部分产业学院自主权较小，内部治理体系与传统高校具有较大的同构性，在一定程度影响了企业等外部主体的参与积极性。

二、进一步推进产业学院建设的行动路径思考

随着我国高等教育改革步入全面深化阶段，产业学院建设应置于新时代、教育现代化、科技和产业变革、新工科建设等背景之下，亟待进一步加大改革创新力度，深入研究产业学院如何提升自身特色和增强核心竞争力的基本路径。总体而言，产业学院建设应遵循供给侧结构性改革的思路，强化产业需求逻辑，进一步加强学术研究、强化政策供给和深化内涵建设。

（一）加强学术研究，提升产业学院建设的理论支撑水平

当前产业学院建设已步入新阶段，外部环境的变化对产业学院建设提出了更多、更新和更高的要求，为了确保产业学院实践探索的顺利开展，亟待加强学术研究，为产业学院建设提供高水平的"理论供给"和指导。

1. 各级政府部门及学校应加大对产业学院理论研究的支持力度

当前对产业学院理论研究成果数量明显偏少。这与当前政府部门及学校对产业学院理论研究的支持力度不高有一定的关系。从各级各类与产业学院建设有关的课题立项资料来看，在国家、省级等层面专门以产业学院为研究主题的课题尚较少，课题研究质量整体不高。因此，在当前产业学院建设加快发展的背景下，各级政府应加大对产业学院理论研究课题的资助力度，同时各类建设了产业学院的本科高校在校级教研教改等项目中应

适当倾斜，加大对学校产业学院研究的支持力度。

2. 各类研究人员应加强协同合作，产出高水平理论成果

当前产业学院学术研究的主体以部分高校的校领导为主，人员构成较为单一，其他学科尤其是高等教育学科等研究人员参与较少。应呼吁和鼓励高水平研究机构、高等教育类的智库等多元主体投入对产业学院的研究，加强各类研究人员的协同合作，充分发挥各自优势，力争产出高水平的理论成果。

3. 坚持知行合一，提升理论的实用性、指导性和引领性

理论的生命力在于有效指导和推进实践的开展。由于产业学院是基于社会需求逻辑产生的新事物，这与传统办学组织具有较大差异性。因此在学术研究过程中，产业学院应始终坚持知行合一，树立鲜明的问题导向，聚焦在产业学院建设中存在的问题，加强理论与实践统一，开展有温度、有深度的研究，提升理论的实用性、指导性和引领性。

（二）强化政策供给，完善和优化产业学院建设的政策支持体系

鉴于我国高等教育管理体制的实际，政策驱动仍是我国高等教育改革的主要动力机制。随着我国高等教育综合改革的进一步深化，亟需通过采取不断扩大高校改革自主权、重构政校权力关系、从政策驱动到改革的法治化等措施，改变只有政策才能驱动高等教育改革的误区。同样，对产业学院的建设，应大力通过强化改革创新措施，加强有效"政策供给"，促进产业学院高质量发展。

1. 政府应制定有序发展的政策，加强宏观指导

虽然国务院、教育部及某些地方政府在部分政策中正式提出了推进产业学院建设议题，但应由教育部主导，制定规范和加快推进产业学院建设的专项政策。同时，各地方政府应根据区域产业学院发展实际制定相应的政策。需要指出的是，在高等教育领域"放管服"综合改革深入推进的背景下，各地政府对产业学院建设的政策应以宏观指导为主，主要在资源配置、宏观管理、考核评估等方面加大对产业学院建设的指导和支持力度，充分放权赋能给高校，尽量减少或避免对产业学院建设具体事务的干预。

2. 高校应完善产业学院政策，加大改革创新力度

由于产业学院建设的探索最先源自部分高职院校，因此，本科高校在

制定和完善产业学院的政策过程中，可以适当参考或借鉴高职院校的一些有益的经验或做法。但与高职院校相比，本科高校产业学院在理念、使命、组织架构、人才培养等方面均有较大的差异性，因此，本科高校在制定产业学院政策的过程中，应立足学校产业学院建设的特色和实际，在政府宏观政策的框架指导下，在产业学院管理、评估、组织架构，及教师队伍、人才培养、学科专业设置、课程设置等方面制定出台一整套科学高效的政策，为产业学院建设提供强有力的政策和制度保障。

3. 深化内涵建设，全面提高人才培养能力

产业学院建设作为深化产教融合、新工科建设的关键着力点，其出发点和落脚点在于通过人才培养组织、体制机制创新，深化人才培养供给侧结构性改革，为区域产业创新发展培养一大批高素质的人才。在前期探索实践的基础上，产业学院的发展已逐步由外延扩张阶段进入内涵式发展阶段，提升人才培养质量成为产业学院建设的核心点。部分产业学院建设的高校纷纷提出要打造"行业学院 2.0"、产业学院"升级版"等，因此应进一步推进产业学院人才培养的供给侧结构性改革。

（三）促进教育改革创新，完善和优化产业学院育人体系

1. 打造产教合作育人共同体

高等教育和产业是两个系统，二者关系的协调与处理一直是高等教育领域改革的难点与重点。二者关系从完全独立、相对独立到相互融合，总的发展趋势是越来越紧密。产业学院的建设是基于产业与高校之间的合作，应遵循产业需求逻辑，推进组织创新，力求打造一个产业与高校合作的新载体和新平台。首先，要在育人上形成共识。长期以来，育人主要以高校为主体，企业等其他主体参与较少。习近平总书记于 2018 年 9 月在全国教育大会上明确指出，办好教育事业，家庭、学校、政府、社会都有责任。产业学院作为人才培养的新载体，在育人上除继续发挥高校的主体作用外，还要和其他外部主体尤其是产业界达成共识，在合作过程中将育人作为共同的价值追求，在资源投入等方面优先考虑育人工作，将人才培养作为衡量产教合作成效的重要标准。其次，要在育人合作上坚持共建共享，寻求利益交汇点。在产教育人合作过程中，往往因企业等主体无法获取足够的利益，而出现高校"一头热"、企业积极性不高的现象。产业学院在创办过程中，应突破传统的办学体制，坚持开放合作办学，坚持共建共享，对合作多方主体的利益给予关切，找到多方主体利益的交汇点，实现合作共赢的目的。

2. 全面推进教育教学创新，打造高水平人才培养体系

我国高校，尤其是理工类高校的人才培养存在专业"藩篱"，限制了工程类人才的"大工程观"，本、研分级隔断，降低了工程类人才的市场匹配度，师生关系淡漠压抑了工程类人才的培养氛围等困境。产业学院作为遵循社会需求逻辑的新型二级教学机构，是人才培养改革创新的载体或平台。产业学院应坚持改革创新，全面推进教育教学改革，形成特色鲜明、高水平的产教协同人才培养体系，以点带面，进而提升其整体的人才培养能力。具体说来，一是构建紧密对接产业集群发展需求的学科专业集群。在学科专业的设置上产业学院要通过分析区域产业的发展需求，准确把握产业的发展趋势，坚持产业需求导向，重点设置与区域产业集群需求吻合度高的学科专业集群。二是打造一支实践能力强的教师队伍。当前，教师的实践能力普遍较弱是我国高等教育人才培养改革中的一个突出问题。产业学院应利用灵活的办学机制优势，坚持"引育并重"，打造一支实践能力强的师资队伍。三是创新课程体系。产业学院在课程建设中应以产业需求为导向，瞄准产业发展实际，构建更新型、更科学、更人文的课程体系，整合区域产业优质创新资源，及时将前沿技术和案例等导入课程内容，确保课程设置与产业平行发展。四是强化教学方式改革。产业学院应更为重视对学生的产业实践能力、创新性思维等方面核心素养的培养，在教学过程中要面向产业发展实际，更多采取案例式、探究式、研讨式等多元教学方式。

3. 深化以人才培养为中心的体制机制改革

产业学院之所以是一种新型的校企合作模式，是因为其创新了校企合作的体制机制，增强了学校办学的活力。产业学院应充分利用其作为人才培养改革创新"特区"的优势，进一步深入推进人才培养体制机制改革。对接区域产业发展需求，建立科学动态的学科专业设置调整机制。在资源配置上，产业学院要打破传统思维指导下的资源分配方式，强化和运用市场机制，引入产业界优质育人资源；大力创新人事制度，强化师资队伍建设，打造一支结构合理、能力卓越的高水平教师团队；在考核评价制度方面，在当前政府大力推进破"五唯"顽疾的背景下，产业学院应结合产业学院的本质特征，重视对区域产业转型升级发展的贡献度、支撑度和服务度，形成由多元主体评价指标体系构成的科学考核评价制度。

第三章　产业学院的理论基础

本章通过对契约论、博弈论、最优化理论等基础理论的产生和发展历程及方法的介绍，探究产业学院研究的理论基础。

第一节　契约论

一、什么是契约理论

契约（contract）是双方或者多方当事人之间的一种协议、约定。通俗地说，契约就是合同，但比合同的意义更广泛。在现实中，契约有短期的或长期的，正式的或非正式的，显性的或隐性的。从狭义上讲，所有的商品或劳务交易都是一种契约关系。例如，一个消费者购买了一张火车票，消费者和铁路公司之间就有一个隐性契约：消费者支付费用，铁路公司在规定时间内将消费者安全送到目的地。一个生产者（供应商）和一个采购商之间签订的供货合同则是一种显性契约。在广义上，所有的法律、制度都是一种契约关系。

契约的概念最初是作为市民社会的法律概念出现的，是经济生活中契约关系的反映。系统地，以法律形式固定下来的契约概念首先是在《罗马法》中出现的——契约"是由于双方意思一致而产生相互间法律关系的一种约定"。虽然自《罗马法》之后，契约这一概念在其漫长的历史演变中，在保持其旧有含义的同时，又被赋予了一些新的含义，但是，不管契约具体含义有多少种，经济领域的契约含义是最根本的、最原始的。《罗马法》对契约概念的界定，仍然是西方语言文化系统中各种契约观念共同的思想内核或渊源，其他含义都是从这一含义发展而来的。

二、契约论思想的发展

（一）契约论思想的萌芽阶段

契约论思想早在古希腊智者派那里就已萌芽。之后，古希腊哲学家伊壁鸠鲁对其进行了比较明确的论述，就是著名的"社会契约论"。伊壁鸠鲁借用"原子"理论的张力，以形而上学的方法宣布了人的自由的本质、国家起源的契约性质。国家由个体的契约产生。伊壁鸠鲁的"社会契约说"的历史意义在于：第一，自由、平等、人格尊严是人的本质属性，原子间不存在此主彼从的隶属关系，每一个原子在虚空运动是自由自在的，所以，作为个体的人在社会中也是平等的、自由的、自在的。第二，在伊壁鸠鲁看来，"部分先于整体"，因此就个人与国家而言，个人权利先于国家权力，个人权利是国家权力的正当来源。第三，突出人本位的个人主义思想。原子是自由的，原子是个体的，原子还是坚实独立和不可分割的。作为社会的人，活着由原子构造，死亡是原子消散，所以人的本性是独立的、自由的，没有人的自由，就没有社会契约，也就没有国家。个人通过缔约形成国家，实现个体自由。这为近代革命的社会契约论提供了启蒙材料。

（二）社会契约论的发展阶段

15世纪到16世纪，一些反暴君派的贵族思想家系统地论述了契约论思想，将它看成反抗非正义统治的根据。国家源自社会契约。在个人与国家的关系中，国家的成立是必然的，但这不以否定个体存在的价值为前提，而是个体意志间的协定。没有人的自由，就没有社会契约，也就没有国家，个人通过缔约形成国家，实现个体自由。虽然古希腊智者们的思想为近代革命的社会契约论提供了启蒙材料，但是整体来说，在古希腊，契约思想还是处在"胚胎"形态，契约观念并不发达。

（三）社会契约论的发展繁荣时期

社会契约论最盛行的时期是17世纪到18世纪。这和当时的社会背景有密不可分的关系。这一时期由于资本主义迅猛发展，资产阶级和封建势力产生对抗，为了反对封建神学思想，并且在理论上论证资产阶级专政的必然性，社会契约论开始作为一种社会政治思想（资产阶级对抗封建阶级的理论武器）被广泛地传播并付诸实践。

这一时期社会契约论的主要代表人物有霍布斯和约翰·洛克、卢梭等。

1. 霍布斯的社会契约论

霍布斯生活的17世纪中叶正是英国爆发革命、内乱和战争不断的时期。在一些地区出现过类似自然状态的权力真空状态，充斥着暴力、流血和混乱，因此霍布斯认为，在自然状态下，由于人的利己本性和对名利无休止的追求，必然导致人与人之间像狼一样，虽然理性颁布了自然法，但是自然法仅有道德上的约束力，不可能都按理性行事。因此，人们为了更好地自我保存，就必须从自然状态过渡到社会状态，从战争状态过渡到和平状态。过渡的方法就是订立契约。他认为，人们一旦订立了契约，就将自己的权利转让给了作为第三者的个人或者会议，由他们组成国家进行治理。但是，由于统治者并不是订立契约的一方，因此他们不存在违约的问题，不受契约的限制，人们也无权以违反契约为由，违约的问题不受契约的限制，人们也无权以违反契约为由推翻统治者的统治。这就是说，社会契约不能对主权者加以限制，主权者完全不受控制。从这一点上可以说，霍布斯的契约论是用来捍卫和支持统治者的权威的。

2. 约翰·洛克的社会契约论

和霍布斯不同，洛克假设了一个完全自由、平等、和平的自然状态。但是，洛克认为，一方面，在自然状态中，由于人的利己性，会不断有人的权利会受到他人的侵犯；另一方面，因缺少明文规定的众所周知的法律，缺少有权依照法律审理争执的机构，缺少保证判决执行的权威，所以，当人们因权利受到损害而发生争执的时候，就无处申辩。因而人类必须通过订立契约的方式，同时与其他人协议联合组成一个共同体，以保护他们的自由，保障他们的自然权利免受侵犯。洛克认为，订立契约后，人们让出的只是财产纠纷的仲裁权，至于生命、自由、私有财产这些最基本的自然权利，则并没有转让，而应受到国家保护。同时，他认为，执政者也是签约的一方，也要忠实地履行契约，保证人们的自由，保障人们的自然权利，并且按照大多数人的意志行事。在洛克的契约论里我们可以看出，政府的权力是有限的，政府的存在不是目的，只是工具。如果政府不能服务于人们，保护人们的自然权利，则人们就有废除原有契约的权利。所以，洛克是反对君主专制，主张资产阶级的民主和自由的。

3. 卢梭的社会契约论

卢梭的社会契约论也是始于一种假想的和平、自由的自然状态。但是，他认为自然状态中存在着不利于人类生存的种种障碍，并且随着人类的发展，这些障碍产生的阻力也将越来越大，个人的力量必将无法对抗这些障碍。于是，人们必须通过社会合作将个人的力量汇聚到一起，以克服有碍生存的各种障碍，国家由此产生。

卢梭认为，契约订立后，每个缔约者都要将自身的全部权利转让出来。

这一点与霍布斯是相同的，所不同的是，在卢梭这里，权利转让的对象不是一个专制君主，而是转让给自己作为其中一员的整体。他认为，人们在公意的指导下订立契约之后，每个缔约者都要将自身的全部权利转让出来，并且所有人交出的权利都是同等的。这些权利不是转交给任何个别人，而是转让给自己作为其中一员的共同体，即集体；人们从这个共同体中可以获得自己本身所让渡给它的同样的权利，并且得到更大的力量来保卫自己的人身、自由和财产。

在卢梭看来，既然缔约的所有人都交出自身的全部权利，那么这些人交出的权利就是同等的、平等的。人们服从公意，公意是代表着缔约者的整体利益的，那服从公意就是服从自己，人们依然可以获得自己本身所让渡出去的同样的权利，并且可以从集体中得到更大的力量来保卫自己的人身、自由和财产，所以，人们仍然是自由而平等的。这就是卢梭理想的社会契约，用"天赋自由"来换取公民自由。可以说，以卢梭为代表的社会契约论的主要特点就是对人民主权和民主的坚决信奉。卢梭的契约思想不仅对法国资产阶级革命产生了深远的影响，而且对美国的联邦党人及其缔造国家的结构产生了重要影响。

4. 社会契约论的鼎盛时期代表人：康德

通过为社会契约提供道德方面的、根据阐述社会契约的道德含义和价值思想，由此康德将契约论推向了顶峰。康德的社会契约论也假设了一种美好的自然状态。他认为，人类最初生活在一种田园牧歌式的自然状态里，但是人具有两种天性："合群性"和"己性"。"己性"会产生混乱与战争；"合群性"则引领人们订立社会契约，组成国家。康德认为，国家的唯一的职能便是制定和执行法律，国家不得也不必去干涉公民的活动，国家的活动应当限于保护公民权利的范围之内，国家要保护每个人的自由、权利，保护每个人免受他人的侵害。为了防止形成专制统治，康德还要求权力分立，即立法权必须属于人民，行政权则属于国家的统治者或摄政者。另外，他还主张通过"国家契约"实现欧洲乃至全世界的统一与和平。可以说，康德将社会契约作为一种看待国家合理性的道德标准和价值标准。

5. 社会契约论的转折时期代表人：罗尔斯

随着西方资产阶级纷纷取得革命的胜利，政权日益巩固，自康德之后，西方关于社会契约论的话题曾有一个多世纪归于沉寂。直到1971年罗尔斯出版《正义论》，才使社会契约论以一种崭新的面貌出现在世人面前，并由此产生出许多社会契约论的变体。罗尔斯的社会契约论受洛克等人的影响很大。罗尔斯声称，他的学说以洛克、卢梭和康德的社会契约论为基础。在《正义论》中，"正义"作为正义哲学的主题。"正义"主要关注的问题是社会基本结构。只有支配社会基本结构的原则是"正义"的，这个社会才能是"正义"的，社会契约论则是一种能够设计出"正义"程序的价值工具。罗尔斯的社会契约论可以概括为：在一个假想的原初状态下的人们，通过社会契约的方式去找到"正义"的理想。

（四）新契约论的发展

20世纪，又出现了一种新契约论，主要代表人物为美国哲学家 J. B. 罗尔斯。他讲的"契约"或叫"原始协议"，不是为了参加一种特殊的社会或为创立一种特殊的统治形式而订立的。订约的目的只是确立一种指导社会基本结构设计的根本道德原则，即"正义"原则。他认为这种原则必然包括两部分内容，一是平等自由原则，二是社会的公平平等原则和差别原则的结合。

生存是存在竞争的。由于在竞争开始之前，大家谁也不能够保证自己一定是暴力竞争的最后赢家，而暴力竞争的失败者代价太大，通常是连生命都会付出的。所以，文明社会就创造出这样的规则：将竞争中可以选择的手段范围约束在可以保证竞争失败者的最基本利益不被损害的范围内，首先就是要将暴力竞争手段排除出去。这应该是最早的"有限责任制"，也是西方人说的"公平竞争"。那些愿意接受统治者在契约中规定的行为约束条款，即法律约束的人，就会成为文明社会的公民。统治者或者代理人会根据法律来保护他们的利益，或者根据法律去惩罚那些违背法律伤害了其他已经与统治者"签立"了契约的文明社会公民利益的公民。

三、契约论的现代影响

契约论为我们提供了一种市场经济条件下合理的价值原则：合理利己。我们知道，简单地说，契约就是合意，契约能够形成合意的前提则是契约本来具有互利性，即缔约双方都能够在权利的转让和交换中获利。也就是能够在自利的基础上达到缔约双方的互惠互利，以实现双方权益的最大化。市场经济条件下，人们开始强调自我价值的实现和自我利益的追求。契约论所倡导的自利基础上的互惠互利则为我们提供了这样一种价值原则，这个原则既肯定了人们的自然欲望，又将这种欲望限定在一个合理的范围内，并使人们意识到，促进公共利益就是增进个人利益，既要利己，又不能损害他人和社会的利益。

契约论促进了主权人民思想的发扬。社会契约论在探讨国家和政治社会起源的同时，说明了政治权力是来自人民权利的让渡，政府建立源自人民缔结的契约，政府的责任首先应该表现为对国家权力的主体即公民负责。因此，政府的一切行为都应符合公民的需求、意志和利益，必须对公民负责。这一思想反映到当代，实际就是责任应当以实质内容反映民本思想。

契约论促使我们开始探求制度的"正义"。从契约论中我们可以看出，人们在订立契约、成立国家之后，首先要解决的问题就是如何保障契约的执行。可见单以契约本身而言，只是一种"软"约束，如没有相应的制度安排，契约就将无法落实。因此，人们就开始研究能够维护契约的种种制度，探求一种制度的"正义"，即建立一种什么样的制度，以确保契约目的的实现，确保人们所追求的自由、平等的实现。

第二节　博弈论

一、博弈论概述

（一）什么是博弈论

博弈论（game theory）又称对策论，原是一种数学的运筹学方法，20世纪40年代被应用到经济学中，用来分析经济和贸易活动中存在的竞争现象。20世纪50年代以后，博弈论被广泛应用到国际政治的研究领域中，最常见的国际政治博弈论模型有"懦夫游戏"（chicken game）、"囚徒困境""针对不平等的威胁对策"和"协调对弈"等。在西方学者看来，博弈论模型能够为他们提供一种分析国家间的安全和经济问题的方法。

（二）博弈论的发展历史

1. 博弈论的早期研究

博弈论考虑游戏中个体的预测行为和实际行为，并研究它们的优化策略。近代对博弈论的发展，体现在以下学者的研究中。

1928年，美籍经济学家约翰·冯·诺依曼证明了博弈论的基本原理，从而宣告了博弈论的正式诞生。1944年，约翰·冯·诺依曼和美国经济学家莫根施特恩的划时代巨著《博弈论与经济行为》，将二人的博弈理论推广到 n 人博弈结构中，并将博弈论系统地应用于经济领域内，从而奠定并形成了这一学科的基础和理论体系。

1950—1951 年，美国经济学家约翰·纳什（John Nash）利用不动点定理证明了均衡点的存在，为博弈论的一般化奠定了坚实的基础。纳什的开创性论文《n 人博弈中的均衡点》《非合作博弈》等，给出了均衡的概念和均衡的存在定理。此外，德国经济学家莱因哈德·泽尔腾和匈牙利经济学家约翰·海萨尼的研究也对博弈论的发展起到了推动作用。今天，博弈论已发展成一门较完善的学科。

博弈论是二人在平等的对局中，各自利用对方的策略变换自己的对抗策略来达到取胜的目的。很多学者想追溯博弈论的起源，但是对这个问题并没有一个公认的答案。博弈论思想古已有之，中国古代的《孙子兵法》不仅是一部军事著作，而且是最早的一部博弈论著作。博弈论最初主要研究象棋、桥牌、赌博中的胜负问题，人们对博弈局势的把握只停留在经验上，没有向理论化发展。如果按照将博弈问题应用到决策问题和对决策问题的研究标准，那么可以说博弈论的历史非常久远，因为在人们的日常生活和生产中常常都会进行博弈分析。

有文献记载的最早具有博弈思想的事例可追溯到 2000 多年前，我国的"齐威王田忌赛马"、1500 年前巴比伦犹太教法典中的"婚姻合同问题"等。如果按照现代经济学和博弈论中经常引述的最早包含博弈思想的文献标准，法国经济学家古诺 1838 年关于寡头之间通过产量决策进行竞争的模型可以看作博弈论早期研究的起点。1883 年法国经济学家伯特兰德的通过价格进行博弈的寡头竞争模型也包含了博弈思想的经典文献。对博弈论问题比较系统密集的研究开始于 20 世纪初期。齐默罗和波雷尔对象棋博弈等的系统研究可以代表系统研究博弈理论的开端。冯·诺依曼和莫根施特恩 1982 年给出了扩展型博弈的定义。但是，这些研究都没有形成博弈论的理论体系。尽管如此，这些早期的研究还是对博弈论理论的产生起到了非常重要的作用。

三、博弈论的形成

对一个理论的真正发展来说，仅有一些零星的研究还不足以形成博弈论的理论体系，重要的是在谁的工作或者文章发表以后，其思想或方法就引起了人们的重视，并开始有越来越多的追随者。冯·诺依曼和莫根施特恩于 1944 年出版的《博弈论与经济行为》，被看作是博弈论历史的真正起点。在《博弈论与经济行为》中引入了博弈论的扩展型和策略型等基本的博弈模型，定义了极小化、极大解，并指出这种解在所有博弈中都存在。该书在总结以往研究成果的基础上，给出了博弈论研究的一般框架、概念术语和表述方法，提出了相对系统的博弈理论。尽管现在看来该书某些地方还不全面，但是，其对博弈理论发展所起的巨大作用是不可否认的。

四、博弈论的成长和发展

博弈论第一个研究高潮出现在 20 世纪 40 年代末和 50 年代初。在第二次世界大战期间，博弈论的思想和研究方法在军事领域的应用推动作用下，已经有了很大的发展。纳什加入研究博弈论的队伍是这个时期的重要事件。纳什在 1950 年将博弈论扩展到非零和博弈，并提出纳什均衡概念和证明了纳什均衡存在性的纳什定理，发展了非合作博弈的理论基础。除了纳什的研究成果，这个时期还出现了很多博弈理论家和博弈论研究成果。例如，"囚徒困境"博弈的实验。

20 世纪 50 年代中后期一直到 70 年代，是博弈论发展历史中产生重要理论成果的阶段。例如，"微分博弈"的概念、"强均衡"的概念、关于重复博弈的"民间定理"。这个阶段最重要的成果有，德国经济学家泽尔腾 1965 年提出在博弈方选择的"相机计划"中，不是所有的纳什均衡都是合理的，因为可能存在空头威胁的问题。1975 年泽尔腾又提出了"颤抖手均衡"的概念。20 世纪 70 年代，在博弈论发展历史中重要的事件还包括"进化博弈论"的发展。此外"共同知识"在博弈论中的重要性也受到了重视。

五、博弈论的成熟与主流经济学的融合

二十世纪八九十年代是博弈论走向成熟的时期。在这个时期，博弈论在经济学中的应用领域越来越广泛，在经济学中的地位达到了最高峰。这个时期的重要理论进展包括"顺退归纳法""序列均衡"的概念、《进化和博弈论》的出版、"完美贝叶斯均衡"的概念。正是这个时期，博弈论受到经济学家真正的广泛的重视，并被看作是经济学核心的分析方法。也正是从这个阶段开始，博弈论的思想及词汇开始在经济学杂志上大量出现。博弈论之所以会在经济学中的地位上升得这么快，原因有现代经济活动的规模越来越大，对抗性竞争性越来越激烈，因此，经济活动的博弈性越来越强。信息技术和社会经济信息化的发展使得人们认识信息的作用和规律的

要求不断提高，由此促进了信息经济学的发展要求。

六、博弈论的发展前景

由于博弈论本身具有深刻的本质魅力，新的博弈分析工具和应用领域不断被发现，一定会吸引大量学者加入。随着博弈理论的发展和博弈研究的不断深入，人们认识到这种理论还存在不少问题，特别是它的理论基础方面还存在一些没有得到很好解决的根本问题，这充分保证了博弈论在未来相当长时间内的发展潜力。在金融、贸易、法律、政治等领域不断提出新的博弈论应用课题，也是今后博弈论进一步发展的巨大动力。在合作博弈和非合作博弈两大博弈领域中，非合作博弈是博弈的主流，但是合作博弈也具有相当重要的作用，并且要比非合作博弈理论更加复杂。正是由于这些原因，博弈论在未来一段时间内必然会得到进一步发展，同时也会促进经济学和其他学科的发展。

第三节　优化理论

一、最优化理论概述

（一）最优化方法的概念

优化是从处理各种事物的一切可能的方案中，寻求最优的方案。优化的原理与方法，在科学的、工程的和社会的实际问题中的应用，便是优化问题。"优化"一语来自英文"optimization"，其本意是寻优的过程。优化过程是寻找约束空间下给定函数取极大值（以 max 表示）或极小（以 min 表示）的过程。

优化方法也称数学规划，是用科学的方法和手段进行决策及确定最优解的数学。在生产过程、科学实验以及日常生活中，人们总希望用最少的人力、物力、财力和时间去办更多的事，获得最大的效益。在管理学中，优化被看作是生产者的利润最大化和消费者的效用最大化；如果从数学的角度，就被看作是"最优化问题"。在最优化的研究生教学中我们所说的最优化问题一般是在某些特定的"约束条件"下寻找某个"目标函数"的最大（或最小）值，其解法又称最优化方法。

（二）最优化方法的研究对象

最优化方法的主要研究对象是各种有组织系统的管理问题及其生产经营活动。最优化方法的目的在于，针对所研究的系统，求得一个合理运用人力、物力和财力的最佳方案，发挥和提高系统的效能及效益，最终达到系统的最优目标。实践表明，随着科学技术的进步和生产经营的发展，最优化方法已成为现代管理科学的重要理论基础和不可缺少的方法，被人们广泛地应用到公共管理、经济管理、工程建设、国防等各个领域，发挥着越来越重要的作用。从数学意义上说，最优化方法是一种求极值的方法，即在一组约束为等式或不等式的条件下，使系统的目标函数达到极值，即最大值或最小值。从经济意义上说，是在一定的人力、物力和财力资源条件下，使经济效果达到最大（如产值、利润），或者在完成规定的生产或经济任务时，使投入的人力、物力和财力等资源为最少。

最优化理论与方法作为一个重要的数学分支，所研究的就是在众多的方案中怎么能找到最优、最好的方案。由于科学技术与生产技术的迅速发展，尤其是计算机应用范围的不断扩大，使最优化问题的研究不仅成为一种迫切的需要，而且有了求解的有力工具，因此发展成为一种新的科学。最优化理论与方法，狭义的主要指非线性规划的相关内容；广义的则涵盖连续优化（线性规划、非线性规划、全局优化、锥优化等内容）、离散优化（网络优化、组合优化等内容）和近年来发展迅速的智能优化等内容。

（三）最优化问题的求解

一般而言，最优化问题的求解方法大致可分为 3 类，在实际运用中要根据情况进行选择。

1. 解析法

对于目标函数及约束条件具有简单而明确的数学表达式的最优化问题，一般都可采用解析法来解决。在解决实际问题时，由于描述实际问题的解析形式的数学表达式很难找到，因此这种表达式则缺乏一定的实用性。

2. 数值解法

对于目标函数较复杂或无明确的数学表达式或无法用解析法求解的最优化问题，一般可采用数值法来解决。其基本思想是用直接搜索方法经过一系列的迭代，以产生点的序列，这样逐步接近最优点。

3．网络优化方法

很多工程中的系统，都可以看成是网络流。网络最优化方法是以网络图作为数学模型，用图论方法研究网络中的最短路径、最小生成树、最大流和最小成本流等问题，进而解决实际系统中的最优化问题。

二、最优化理论的发展

历史上最早记载下来的最优化问题可追溯到古希腊数学家欧几里得（Euclid，公元前 300 年左右）。他指出，在周长相同的一切矩形中，以正方形的面积为最大。微积分的建立给出了求函数极值的一些准则，为最优化的研究提供了某些理论基础。然而，在以后的两个世纪中，最优化技术的进展缓慢，主要考虑了有约束条件的最优化问题，发展了变分法。直到 20 世纪 40 年代初，由于军事上的需要产生了运筹学，并使最优化技术首先应用于解决战争中的实际问题，如轰炸机最佳俯冲轨迹的设计等。20 世纪 50 年代末，数学规划方法被首次用于结构最优化中，并成为优化设计中求优方法的理论基础。数学规划方法是在第二次世界大战期间发展起来的一个新的数学分支。线性规划与非线性规划是其主要内容。大型电子计算机的出现，使最优化方法及其理论蓬勃发展，成为应用数学中的一个重要分支，并在许多科学技术领域中得到应用。近年来，最优化方法已陆续被用到建筑结构、化工、冶金、铁路、航天航空、造船、机床、汽车、自动控制系统、电力系统以及电机、电气等工程设计领域，并取得了显著效果。

最优化理论的发展与应用大体经历了以下 4 个阶段。

（1）人类智能优化。与人类史同步，直接凭借人类的直觉或逻辑思维，如黄金分割法、穷举法和盲人爬山法等。

（2）数学规划方法优化。从 300 多年前牛顿发明微积分算起，电子计算机的出现推动数学规划方法在近 50 年来得到迅速发展。

（3）工程优化。近 20 年来，计算机技术的发展为解决复杂工程优化问题提供了新的可能，非数学领域专家也开发了一些工程优化方法，能解决不少传统数学规划方法不能胜任的工程优化问题。在处理多目标工程优化问题中，基于经验和直觉的方法得到了更多的应用。

（4）现代优化方法。如遗传算法、模拟退火算法、蚁群算法、神经网络算法等，并采用专家系统技术实现寻优策略的自动选择和优化过程的自动控制，智能寻优策略得到迅速发展。

三、最优化问题的研究内容和求解方法

（一）连续型优化问题

数学模型描述。如最优化的目标函数 $f(x)$，然后求使得 $f(x)$ 最小的 x 点：$\min f(x)$：$x \in R$，等。

（二）无约束优化问题

除了解析解法，其数值解法主要包括线性规划的经典解法 [（单纯形搜索法）、对偶单纯形法、内点算法（大型）]、整数规划的经典解法 [割平面法、分支定界法等]、非线性规划的经典解法 [最速下降法、Newton 法、拟 Newton 法（主要是 DFP 和 BFGS 算法）、共轭梯度法、信赖域法等]。

（三）约束优化问题

约束优化问题的解析方法主要是 Lagrange 法、数值解法 [包括惩罚函数法（外罚函数法、内障碍法、函数方法等）]、广义 Lagrange 乘子法和内点法（大型问题）等。

（四）组合优化问题

经典的组合优化问题有、旅行商问题（TSP）、加工调度问题、背包问题、装箱问题、图着色问题、聚类问题等。这些问题描述起来非常简单，但最优化求解很困难。主要原因是求解这些问题的算法需要极长的运行时间与极大的存储空间，其中有一类所谓的"NP—完全问题"，至今未发现有效算法，目前只能采用多项式界的近似算法，求出组合优化问题的良好近似解。一般我们关心的不是最优解的存在性和唯一性，而是如何找到有效的算法求得一个最优解，以及如何衡量算法的优劣、有效与无效等问题。

（五）智能优化问题

智能优化是近年来发展起来的多种智能优化算法，包括遗传算法、禁忌搜索算法、模拟退火算法、蚁群优化算法、粒子群优化算法等。这些算法不需要构造精确的数学搜索方向，也不需要进行繁杂的一维搜索，而是通过大量简单的信息传播和演变方法，以一定的概率在整个求解空间中探索最优解。这些算法具有全局性、自适应、离散化等特点。这些算法不仅大大丰富了现代优化技术，也为那些传统优化技术难以处理的优化问题提

供了切实可行的解决方案。

四、最优化理论在人工神经网络中的应用

人工神经网络是一个由大量简单的处理单元广泛连接组成的非线性系统，用来模拟人脑神经系统的结构和功能，具有非常好的非线性映射能力、并行信息处理能力和自适应学习能力。对人工神经网络理论的应用已经触及很多领域，如在智能控制、模式识别、自适应滤波、信号处理、传感技术和机器人等方面。人工神经网络从结构上可分为多层前向神经网络和动态递归网络两种。其中，多层前向网络是最重要的神经网络模型，且结构简单、易于编程，是一个非常强的学习空间。BP 神经网络是多层前向神经网络的一种，也是人工神经网络模型中最典型的一种神经网络模型。本节将重点介绍使用优化理论和方法解决 BP 神经网络的学习算法和网络结构优化的方法，以及为克服其不足提出的一些改进算法。通常，神经网络的工作方式分为两个阶段：学习期和工作期。学习期：神经元之间的连接权值，可由学习规则修改，以便使目标函数达到最小；工作期：连接权值不变，由网络的输入得到相应的输出。在理论上，对 BP 神经网络的研究主要在于如何获得有效的学习算法和优化其网络结构。目前应用最广泛的是 BP 算法和在其基础上改进的优化方法。

五、最优化方法的应用

最优化一般可以分为最优设计、最优计划、最优管理和最优控制 4 个方面。

（1）最优设计。世界各国工程技术界，尤其是飞机、造船、机械、建筑等部门都已广泛应用最优化方法于设计中，从各种设计参数的优选到最佳结构形状的选取等，结合有限元方法已使许多设计优化问题得到了解决。一个新的发展动向是最优设计和计算机辅助设计相结合。电子线路的最优设计是另一个应用最优化方法的重要领域。配方配比的优选方面在化工、橡胶、塑料等工业部门都得到成功的应用，并向计算机辅助搜索最佳配方、配比方向发展。

（2）最优计划。现代国民经济或部门经济的计划，直至企业的发展规划和年度生产计划，尤其是农业规划、种植计划、能源规划和其他资源、环境和生态规划的制订，都已开始应用最优化方法。一个重要的发展趋势是帮助领导进行各种优化决策。

（3）最优管理。一般在日常生产计划的制订、调度和运行中都可应用最优化方法。随着管理信息系统和决策支持系统的建立和使用，使最优管理得到迅速的发展。

（4）最优控制。主要用于对各种控制系统的优化。例如，导弹系统的最优控制，能保证用最少燃料完成飞行任务，用最短时间达到目标。再如飞机、船舶、电力系统等的最优控制，化工、冶金等工厂最佳工况的控制。计算机接口装置不断完善和优化方法的进一步发展，为计算机在线生产控制创造了有利条件。另外，最优控制的对象也将从对机械、电气、化工等硬系统的控制转向对生态、环境以至社会经济系统的控制。

第四章　产业学院的相关制度

第一节　国家制度

　　培养适应和引领现代产业发展的高素质应用型、复合型、创新型人才，是高等教育支撑经济高质量发展的必然要求，是推动高校分类发展、特色发展的重要举措。为扎实推进新工科建设再深化、再拓展、再突破、再出发，协调推进新工科与新农科、新医科、新文科融合发展，全面提高人才的培养能力，我国政府经研究，决定在特色鲜明、与产业紧密联系的高校建设若干与地方政府、行业企业等多主体共建、共管、共享的现代产业学院。

一、指导思想

　　以习近平新时代中国特色社会主义思想为指导，深入贯彻党的十九大和十九届二中、三中、四中全会精神，贯彻落实全国教育大会和《中国教育现代化 2035》精神，以立德树人为根本任务，以学生发展为中心，突破传统路径依赖，充分发挥产业优势，发挥企业重要教育主体作用，深化产教融合，推动高校探索现代产业学院建设模式，建强优势特色专业，完善人才培养协同机制，造就大批产业需要的高素质应用型、复合型、创新型人才，为提高产业竞争力和汇聚发展新动能提供人才支持和智力支撑。

二、建设目标

　　经过 4 年左右时间，以区域产业发展急需为牵引，面向行业特色鲜明、与产业联系紧密的高校，重点是应用型高校，建设一批现代产业学院。在此基础上，引导高校瞄准与地方经济社会发展的结合点，不断优化专业结构、增强办学活力，探索产业链、创新链、教育链有效衔接机制，建立新型信息、人才、技术与物质资源共享机制，完善产教融合协同育人机制，创新企业兼职教师评聘机制，构建高等教育与产业集群联动发展机制，打造一批集人才培养、科学研究、技术创新、企业服务、学生创业等功能于一体的示范性人才培养实体，为应用型高校建设提供可复制、可推广的新模式。

三、建设原则

（一）坚持育人为本

以立德树人为根本任务，以提高人才培养能力为核心，推动学校人才培养供给侧与产业需求侧紧密对接，培养符合产业高质量发展和创新需求的高素质人才。

（二）坚持产业为要

依托优势学院专业，科学定位人才培养目标，构建紧密对接产业链、创新链的专业体系，切实增强人才对经济高质量发展的适应性。突出高校科技创新和人才集聚优势，强化"产学研用"体系化设计，增强服务产业发展的支撑作用，推动经济转型升级，培育经济发展新动能。

（三）坚持产教融合

将人才培养、教师专业化发展、实训实习实践、学生创新创业、企业服务科技创新功能有机结合，促进产教融合、科教融合，打造集产、学、研、转、创、用于一体，互补、互利、互动、多赢的实体性人才培养创新平台。

（四）坚持创新发展

创新管理方式，充分发挥高校与地方政府、行业协会、企业机构等双方或多方办学主体作用，加强区域产业、教育、科技资源的统筹和部门之间的协调，推进共同建设、共同管理、共享资源，探索"校企联合""校园联合"等多种合作办学模式，实现现代产业学院可持续、内涵式创新发展。

四、建设任务

（一）创新人才培养模式

面向产业转型发展和区域经济社会需求，以提高学生职业胜任力和持续发展能力为目标，以提高学生实践和创新能力为重点，深化产教深度融合、校企合作，创新人才培养方案、课程体系、方式方法、保障机制等。鼓励打破常规对课程体系进行大胆革新，探索构建符合人才培养定位的课程新体系和专业建设新标准。推进"引企入教"，推进启发式、探究式等教学方法改革和合作式、任务式、项目式、企业实操教学等培养模式综合改革，促进课程内容与技术发展衔接、教学过程与生产过程对接、人才培养与产业需求融合。协调推进多主体之间开放合作，整合多主体创新要素和资源，凝练产教深度融合、多方协同育人的应用型人才培养模式。

（二）提升专业建设质量

围绕国家和地方确定的重点发展领域，着力推进新工科与新农科、新医科、新文科融合发展，深化专业内涵建设，主动调整专业结构，着力打造特色优势专业，推动专业集群式发展。紧密对接产业链，实现多专业交叉复合，支撑同一产业链的若干关联专业快速发展。依据行业和产业发展前沿趋势，推动建设一批应用型本科新专业，探索本科专业创新发展的建设路径。推进与企业合作成立专业建设指导委员会，引入行业标准和企业资源积极开展国际资质等效的专业认证，促进专业认证与创业就业资格协调联动，提高专业建设标准化、国际化水平。

（三）开发校企合作课程

引导行业企业深度参与教材编制和课程建设，设计课程体系、优化课程结构。加快课程教学内容迭代，关注行业创新链条的动态发展，推动课程内容与行业标准、生产流程、项目开发等产业需求科学对接，建设一批高质量校企合作课程、教材和工程案例集。以行业企业技术革新项目为依托，紧密结合产业实际创新教学内容、方法、手段，增加综合型、设计型实践教学比重，将行业企业的真实项目、产品设计等作为学生毕业设计和课程设计等实践环节的选题来源。依据专业特点，使用真实生产线等环境开展浸润式实景、实操、实地教学，着力提升学生的动手实践能力，有效提高学生对产业的认知程度和解决复杂问题的能力。

（四）打造实习实训基地

基于行业企业的产品、技术和生产流程，创新多主体间的合作模式，构建基于产业发展和创新需求的实践教学和实训实习环境。统筹各类实践教学资源，充分利用科技产业园、行业龙头企业等优质资源，构建功能集约、开放共享、高效运行的专业类或跨专业类实践教学平台。通过引进企业研发平台、生产基地，建设一批兼具生产、教学、研发、创新创业功能的校企一体、"产学研用"协同的大型实验、实训实习基地。

（五）建设高水平教师队伍

依托现代产业学院，探索校企人才双向流动机制，设置灵活的人事制度，建立选聘行业协会、企业业务骨干、优秀技术和管理人才到高校任教的有效路径。探索实施产业教师（导师）特设岗位计划，完善产业兼职教师引进、认证与使用机制。加强教师培训，共建一批教师企业实践岗位，开展师资交流、研讨、培训等业务，将现代产业学院建设成"双师双能型"教师培养培训基地。开展校企导师联合授课、联合指导，推进教师激励制度的探索，打造高水平教学团队。

（六）搭建产学研服务平台

鼓励高校和企业整合双方资源，建设联合实验室（研发中心），发挥学校人才与专业综合性优势，围绕产业技术创新关键问题开展协同创新，实现高校知识溢出直接服务区域经济社会发展，推动应用科学研究成果的转化和应用，促进产业转型升级。强化校企联合开展技术攻关、产品研发、成果转化、项目孵化等工作，共同完成教学科研任务，共享研究成果，产出一批科技创新成果，提升产业创新发展竞争力。大力推动科教融合，将研究成果及时引入教学过程，促进科研与人才培养积极互动，发挥"产学研"合作示范影响，提升服务产业能力。

（七）完善管理体制机制

强化高校、地方政府、行业协会、企业机构等多元主体协同，形成共建共管的组织架构，探索理事会、管委会等治理模式，赋予现代产业学院改革所需的人权、事权、财权，建设科学高效、保障有力的制度体系。充分考虑区域、行业、产业特点，结合高校自身禀赋特征，优化创新资源配置模式，增强"自我造血"能力，打造高校产教融合的示范区，实现教育链、创新链、产业链的深度融合。

第二节　地方制度

高等学校产业学院是以产业发展急需为牵引，利用高校特色鲜明、产业关联性强的学科专业（群）优势，与地方政府、行业企业等多主体共建、共管、共享的非独立法人机构。推动高等学校产业学院建设有利于培养适应和引领现代产业发展的高素质应用型人才、复合型人才、创新型人才，有利于高效聚合科研、人才、技术等要素促进引领区域产业发展，有利于提升高等教育产教融合水平和服务经济社会发展能力。本节以《河南省教育厅等部门关于推进高等学校产业学院建设的指导意见》为例，对地方制度进行分析。

一、指导思想

坚持以习近平新时代中国特色社会主义思想为指导，深入贯彻党的十九大和十九届二中、三中、四中、五中全会精神，认真落实党中央、国务院关于产教融合发展的决策部署，围绕区域、产业、行业、企业需求，坚持立德树人根本任务，以共建、共管、共享、共赢为基本准则，推动高等学校探索产业学院建设模式，搭建区域教育与产业协同发展、多元联动创新的产教融合平台，创新人才培养模式、提高人才培养质量，全面推动高等教育与区域产业发展深度融合，为增强域内产业核心竞争力、汇聚发展新动能、建设现代化经济体系、推动高质量发展、谱写新时代中原绚丽篇章作出新的贡献。

二、建设目标

以区域产业发展需求为引领，探索产业链、创新链、教育链有效衔接机制，推动不同类型高校结合自身发展需要，合作建设一批不具有法人资格的内设二级产业学院，将高等学校产业学院建设成为集人才培养、技术创新、科技服务、学生创业和继续教育融为一体的多功能体。使产业需求导向、多主体协同育人的人才培养机制更趋完善，人才培养供给侧和产业需求侧结构要素实现全方位融合，校企之间信息、人才、技术与物质资源实现共享，形成教育和产业统筹融合、良性互动的发展格局，高等教育服务支撑经济发展和产业升级的贡献显著增加。

三、建设原则

（一）育人为本

全面落实立德树人根本任务，主动面向区域经济社会发展和未来战略必争领域产业需求，推进人才培养供给侧和产业需求侧结构要素全方位融合，创新人才培养模式，构建创新型、应用型、技能型人才培养体系，充分保障和促进高校育人功能的发挥，为社会培养符合产业发展需要的高水平工程师和高技能人才。

（二）服务产业

各地方办学主体应紧紧围绕区域经济社会发展需要，科学研判新一轮科技革命和产业变革及新经济发展趋势，精确分析学科专业与产业链、创新链的对应关系和供需要求，充分发挥高校学科、专业特色和优势，面向产业整合学科专业教学资源，推进新兴专业建设和传统专业改造升级，分类定位，因校制宜，切实服务域内新旧产业转型发展，支撑经济高质量发展。

（三）融合发展

各地方办学主体应推动产业学院将人才培养、技术创新、科技服务、成果转化、产业引领等功能深度融合发展，将产业学院打造成为集"产、学、研、转、创"多功能、多主体深度融合的新型办学实体，积极促进产教资源要素互相转化、互相支撑，形成产教深度融合、良性互动的教育发展新生态。

（四）共建共管

充分发挥高校、地方政府、产业主管部门、行业协会、企业等各方办学主体作用，建立校地互动、产教融合、校企合作的管理体制与运行机制，推行多个办学主体共同建设、共同管理、共同育才、共享资源、共担责任的管理体制，最终实现多方共赢、互惠互利。

四、主要任务

（一）统筹谋划产业学院发展

各地方办学主体应主动对接区域战略支柱产业、战略性新兴产业和产业集聚区主导产业发展需要，依托高校优势专业、骨干专业、特色专业、高水平专业，与产业密切相关的企业，合作建设一批特色鲜明、服务精准的产业学院；分类明确产业学院的办学定位、服务面向、发展方向等内容，将深化产教融合、推进产业学院建设纳入学校发展规划；按照试点推动、示范引领的基本思路，探索产业学院建设发展模式，打造一批产教融合程度深、服务产业质量高的产业学院。

（二）提升服务区域产业发展能力

各产业学院应发挥高等教育对区域创新中心发展的支撑作用，构建高等教育与产业紧密协同的创新生态系统；围绕区域现代产业体系构建需要，促进教育链与产业链、创新链有机衔接；对接产业发展新技术、新业态、新模式，努力突破关键核心技术、构筑先发优势，占据产业发展战略制高点，助推产业高质量发展；持续深化校企合作，推动高等教育和产业体系人才、智力、技术、资本管理等资源要素聚集融合，打造支撑产业高质量发展的新引擎。

（三）打造高质量学科专业集群

围绕区域提升产业基础能力和产业链现代化水平，打造战略性新兴产业链、战略支柱产业链和产业集聚区等高能级产业载体的需要，通过改造升级传统专业、发展新兴专业、孕育交叉专业等方式，建设一批服务产业能力强的高质量学科专业集群；适应新一轮科技革命需要，整合高校相关学科专业资源，建立跨学科、跨专业的产业学院专业集群；探索成立学校、企业、政府、协会等多方共同参与的产教融合专业建设指导委员会，利用行业标准和企业、社会资源，提高专业建设的标准化和国际化水平。

（四）探索多元人才培养模式

实行办学主体共同参与的人才培养制度，建立产教深度融合、校企协同育人的多元人才培养模式；产业学院的人才培养方案、培养标准、课程体系、考核评价、平台建设、项目设计和师资等由多个办学主体依据国家相关要求共同谋划、共同确定；加大课程整合力度，共同建设一批以工作任务为导向的模块化课程，构建通专融合、理实结合的课程体系；持续深化教育教学改革，加快培养适应和引领新时代产业发展要求的卓越人才；构建"职前""职后"一体化人才培养体系，实现"职前"学历教育与"职后"教育衔接融通。

（五）构建"产学研创"一体化融合平台

发挥产业学院各办学主体在教育教学、技术创新、产业资源等方面的优势，将产业学院打造成为教学科研生产基地、科技成果转化基地和实训基地；通过学生参加对科技成果成熟化处理后和工业化试验的中试项目，推广研究性学习和个性化培养的教学方式，提高学生应用研究与创新能力；

依托教学科研生产基地提出的课题，安排企业导师对课题进行指导，引导学生基于课题进行创新创业训练；将企业真实项目或课题作为学生毕业设计、毕业论文的选题，实行真题真做。

（六）切实推动科技成果转移转化

整合多方资源共建成果转移转化机构，围绕产业关键技术、核心工艺和共性问题开展联合攻关、产品技术研发、成果转化、项目孵化等工作，加快基础研究成果向产业技术转化；落实科技成果转化奖励和收益分配办法，加快构建以增加知识价值为导向的分配机制，激发科研人员的积极性；大力推动产业学院内部科教融合，以科研促教学，将研究成果及时引入教学过程，将产业学院建设成为产学研合作示范基地；鼓励设立从事科技成果转移转化的专职岗位，统筹协调产业学院科技成果转移转化工作。

（七）加强专兼结合师资队伍建设

在产业学院设立若干教师专岗，支持行业协会、企业业务骨干、技术和管理人才到高校任教，探索实施产业教师（导师）特设岗位计划，优先聘用"双师型"教师，鼓励产业学院开展校企导师联合授课，打造"双师型"教学团队；改革产业学院职称评审方式和标准，鼓励教师参与企业实践、技术服务，探索符合产业学院特点的教师资格标准和专业技术职务（职称）评聘办法；设置产业学院教师工作室（坊）、"双师型"名师工作室等，承担产业学院师资交流、研讨、培训等业务，将产业学院建设成"双师型"教师培养培训基地。

五、保障措施

（一）完善管理体制机制

高校可根据有关精神稳步探索开展混合所有制办学体制改革，建立由高校牵头，产业主管部门、行业协会、企业等协同推进、共建共管的产业学院；设立混合所有制产业学院的，应当由高校党委会（民办高校董事会）研究决定，并报各省教育厅备案；产业学院作为学校的内设二级学院统一进行管理，不具有法人资格，由主办高校统一负责招生录取、学籍管理、毕业证发放等工作；支持和鼓励高等院校通过提供校舍场地等办学空间，利用实训设施、师资、校名校誉、知识产权等资源，企业依托土地、资本、知识、技术、管理等要素，共建产业学院，并明确各方相应权利；鼓励高校建立完善依法治校、自主办学、民主管理的运行机制，制定产业学院办学章程，各主办方根据办学章程履行办学职责，参与办学活动；探索建立多方参与的产业学院理事会（董事会）制度，统领产业学院的人才培养、科研创新、经费预算等重大事项，行使决策、审议、监督等权力，扩大产业学院的人权、事权、财权；鼓励产业学院向行业企业和社会培训机构购买产业、行业、企业前沿技术课程和教学服务等资源。

（二）加大政策资金支持力度

产业学院保持现有资金投入渠道不变，接受主办学校财务统一管理，专项核算；产业学院建设用地按科教用地管理，符合《划拨用地目录》的，可通过划拨方式供地，鼓励企业以出让、租赁方式取得土地使用权；鼓励企业积极参与产业学院建设，对参与产业学院建设的企业，支持开展产教融合型企业建设，享受相应财政补贴、金融支持、税收优惠等政策；发挥产业学院平台优势，积极拉动社会资金和地方政府资金投入，对社会投入资金由产业学院按照投资人意向双方协议约定使用，实施项目管理；在不新增债务的情况下，鼓励高校积极调整资金支出结构，支持产业学院发展；区域财政统筹利用设立的相关高等教育发展专项资金和职业教育发展专项资金，对产业发展贡献多、外部资金吸引能力强、示范引领作用明显的产业学院予以支持。

（三）实施示范引领带动计划

在各高校自主建设产业学院的基础上，立足区域生态保护和高质量发展，围绕区域优势产业、支柱产业和新兴产业集群建设需要，根据不同类型高校的办学定位和服务面向，分类建设一批各具特色的区域示范性产业学院，发挥其示范引领带动作用，推动构建与区域协调发展、产业集聚需要相匹配的高等学校产业学院布局体系。

第三节　学校制度

一、加强顶层设计，完善管理制度

（一）系统制定创新发展方略，统筹规划改革的总体框架

产业学院是一种"政校行企"较深层次的合作形式，合作各方借助产业学院这个平台实现从招生、人才培养、课程开发、教学质量评价、师资队伍与创新团队建设、实习实训基地建设直至学生就业的全过程深度合作。目前，国内大多数产业学院是在高校原有二级学院的基础上设立和创办的，伴随着产业结构转型升级、政府工作职能转变、企业发展阶段变化、市场人才需求调整和学校教育教学模式创新而带来的发展变化都不同于过去。产业学院需在组织结构设置上区别于高校二级学院，高校二级学院仅是某所高校的一个部门，然而随着产业学院的发展壮大，其合作各方组成的机构级别往往高于二级学院。因此，产业学院亟须加强顶层设计，在办学目标和内涵式发展目标方面做出改变，这是保证产业学院持续发展的关键所在。通过统筹规划建立产业学院的组织结构，厘清产业学院内部关系，创建产业学院内部管理体制机制，系统设计、科学合理地制定产业学院的人事、财务、教学和科研管理制度等，避免产生学校管理体制机制与产业学院对接的层级问题和矛盾，从而使运行机制更加畅通。合理分配权利与义务，使产业学院内部具备明确的责任分工。这有利于激发教职员工的工作积极性，营造良好的工作氛围，确保产业学院管理体制改革取得成功，有助于产业学院在社会服务中扮演更为重要的角色。

（二）建立目标管理制度，合理确定产业学院的绩效目标

随着产业学院的建设与发展，原有的绩效考核规定与分配制度逐渐不适应产业学院新发展形势的要求，主办学校需通过建立目标管理制度对产业学院进行宏观管理和指导。一是面向产业学院实施绩效考核，激励产业学院以学校战略目标为导向，贯彻学校培养人才和服务社会的办学宗旨，提高产业学院整体办学质量和办学效益。二是产业学院的绩效目标需依据产业学院的创新发展目标制定，依据创新发展目标任务完成情况确定绩效与奖惩，依据绩效目标建立配套的绩效考核管理制度，定期对照考核目标检查任务完成进度。

二、构建管理组织，突破机制障碍

坚持党的领导，统筹规划建立产业学院的组织结构，改革产业学院的管理体制、规章制度和治理结构，通过"政校行企"共同组建产业学院理事会作为决策机构，构建理事会下的产业学院院长负责制管理体系，精准施策打通产业学院改革发展的堵点，激发产业学院干事创业的积极性。

（一）坚持和加强党的领导，完善以党政联席会议为核心的监督机制

合理配置产业学院的政治权力、行政权力、决策权力和民主监督权力，保障各类权力组织彼此分工和协作且具有明确的管理范围，从而实现各权力实施的协调、互补，进而形成良性互动的工作过程和运行方式。由于产业学院"政校行企"各方根据自身职责和分工参与学院事务，因此产业学院运行的监管需满足如下四个要求：一是要求体现党组织的政治核心作用。应明确产业学院党组织与行政机构的关系和职责范围，有效保障产业学院党组织作用的合理发挥。二是要求体现行政管理的效能。产业学院的行政权力仍需要处于主导地位。在完善产业学院内部治理结构的过程中，行政权力是产业学院管理的基本权力，同时还要合理配置好其他权力，形成决策、执行、反馈、监督的有效机制。三是要求体现理事会参与决策的制度化。随着产业学院的改革和发展，"政校行企"之间的利益关系呈现出较大的差异性，利益需求呈现出多元化的趋势。"政校行企"之间由于角色的不同，为自己争取和表达利益的能力与渠道也不相同，因此要注重发挥理事会的作用，建立信息公开渠道和制度、理事会参与重大事项决策的机制，畅通和拓宽利益诉求渠道。四是要求体现教师的权利。高校作为创造和传授知识的学术团体，必须保证教师应享有的权利。教师团体是产业学院的基础组织，高校要协调好行政、企事业员工与教师之间的关系，在内部维护教师的利益，营造民主、和谐的环境，注重发挥好教师民主监督的作用。

（二）组建产业学院决策机构，优化内部管理组织

组建科学合理的产业学院决策机构，完善理事会形式的产业学院组织结构及管理模式，优化产业学院内部管理组织，建立健全管理制度，有助于形成自我激励、自我发展、自我约束的良性运行机制。通过"政校行企"共同组建产业学院理事会作为决策管理机构，制定理事会章程，确立产业学院理事会成员，理事会成员定期召开理事会会议并选举产生理事长、副理事长、理事、秘书长。在理事会管理模式下，理事会行使决策权，明确

合作办学的共建内容与方式、资金投入和权益划分，签订合作办学协议和校企合作协议，明确产业学院合作各方在人事、财务、资产等方面的管理权限，表决制定产业学院内部的人事管理制度、财务管理制度、资产管理制度和其他管理制度。经过理事会推荐报学校审批后，任命产业学院院长，构建理事会管理模式下的产业学院院长负责制。产业学院院长行使行政权力，负责设立产业学院的内部管理组织，经过不断改革和实践，将现有教职员工调整合并成立办公室、教育教学团队、科研创新团队、社会服务团队等基层管理组织，有效完成财务管理、教学管理、科研管理、学生管理和社会服务等各项工作。

（三）明确权责范围，实施简政放权

通过明确产业学院各相关利益方的权利与义务，实施下放以人、财、事权为重点的管理制度改革措施。产业学院运行机制改革具有自上而下的特点，主要是由主办学校决策设计、规划和推行的系列管理制度变革。其核心是简政放权，即在加强学校管理的同时，下放一定的权力，扩大产业学院的办学自主权。主办学校在国家公办院校政策许可的范围内，对产业学院实施简政放权，下放公办学校政策允许的科学、规范、合规合理的权力，建立权责明确、规范有序、运转高效的产业学院运行机制，进一步提高产业学院运行管理的针对性和实效性，使其治理能力水平稳步提升。对产业学院实施简政放权就是分清主办学校与产业学院间在机构设置、党务管理、人事和财务管理、教学管理、科研管理、学生管理等工作中校院两级的职权与责任，理顺产业学院与主办学校相关职能机构的工作协调机制，减少和避免因管理不完善出现的"错位""缺位""越位"现象，促进产业学院各项工作的顺利实施。

三、坚持依法治理，完善制度体系

（一）坚持将依法治理作为深化改革的基本遵循

产业学院运行机制改革需坚持依法治理的原则。产业学院的参建单位多元化，因此各方主体要以章程为契约，各方主体依协议履行出资义务。由于参与合作的政府部门、行业协会、企业数量增长迅速，合作内容十分广泛，并且合作深度不断发展，而合作各方之间签署的协议往往并不完善，因此必须坚持依法治理的原则，建立健全各类管理制度，明确权责关系，增加运行的透明度，消除产权纠纷，减少合作中的机会主义。

（二）建立健全管理制度，形成系统完备的制度体系

产业学院需在主办学校原有规章制度的基础上进行机制改革，创新校企协同育人机制，建立健全产业学院的纪检监察、人事、财务、采购、基建、资产、科研管理和审计等方面的规章制度和管理办法。产业学院要服务区域产业，离不开完善的运行管理制度。由于产业学院是多方合作的利益群体，仅按照主办高校原有运行机制，校企合作深度将会受到极大制约。为了增进各方主办进一步合作的意愿，亟须深化"政校行企"协同合作，探索一种更深层次、递进式发展的校企合作有效管理模式和制度。

产业学院运行管理制度的制定要求更加细致，并且要具有一定的前瞻性和贴近管理实际，进一步健全易于理解与操作的各项规章管理制度，可从以下 10 个重点领域和关键环节开展。

（1）改革产业学院运行的人才引进与管理办法。主办学校给产业学院更多的人才引进自主权，完善其人才引进机制；产业学院要根据发展目标合理制订用人计划，以目标定岗位。

（2）改革产业学院运行的岗位设置与人员聘用实施方案。推进产业学院师资队伍分类管理，调动现有教师的工作积极性，依据教师个性化发展倾向，设置教学型、教学研究型、社会服务型 3 类不同的职务系列，明确各类教师的考核要求和评价标准，发挥每一位教师的专长和优势。将教职员工的聘任、考核、分配等权力交给产业学院，提升产业学院的自我调控能力。

（3）改革产业学院运行的绩效奖励分配办法。建立健全产业学院教职员工的绩效考核与分配制度，制定并实施以业绩贡献为基础、以目标管理和绩效考核为重点的绩效工资制度，加大绩效奖励力度，将教职员工的工资收入与其岗位职责、工作业绩、实际贡献等直接挂钩，将课程建设、实训室建设、工作室建设、教学研究、科学技术研发与社会服务等纳入教师工作量，建立可持续的薪酬福利增长机制。

（4）改革产业学院的财务收支审计办法。深化财务管理制度改革，制定针对产业学院的财务收支审计办法，明确主办学校划拨经费、产业学院联合办学出资方经费、经营业务收入等管理制度，规范产业学院开支审批权限及流程，有利于主办学校定期对产业学院进行财务效益评估。

（5）改革产业学院运行的继续教育项目经费管理办法。规范产业学院开办的各种层次（高中起点专科、高中起点本科、专科起点本科，研究生）、各种形式（函授、业余、自学考试、现代远程教育等）的成人学历教育项

目和职业技能培训、鉴定考试等非学历教育项目的经费管理，规范管理产业学院继续教育项目，做好各项经费的管理工作。

（6）改革产业学院运行的固定资产管理办法。深化产业学院的资产管理改革，制定针对产业学院的固定资产管理制度和办法，有效发挥产业学院理事会在学院办学指导、过程监控、绩效考核、质量跟踪等方面的职能，加强固定资产管理，促进固定资产管理的规范化，提高固定资产使用效益。

（7）改革产业学院运行的教师教学质量考核管理办法。根据产业学院的办学特色，制定产业学院教师教学质量考核管理办法，加强教学质量管理，准确评价教师教学质量，提高广大教师的教学质量意识，不断提高教师的教学水平，规范管理教学文件，制定科学合理的教学标准、课程标准，以及适应实际生产与课堂教学高度衔接的教师教学质量考核管理机制。

（8）改革产业学院运行的实验实训室安全建设与管理办法。依据国家有关法律法规和业务规范，根据产业学院的教学模式，制定产业学院实训室的建设与管理办法，加强实验实训室安全建设，规范实验实训室管理，防范安全事故的发生，保护师生员工的人身安全和财产安全，保证产业学院实践教学和科研活动的正常开展。

（9）改革产业学院运行的教师工作室管理办法。根据产业学院运行的社会服务需要，制定产业学院运行的教师工作室管理办法，发挥教师工作室的育人与服务功能，激发教师改革的创新活力，推进教育教学改革，全面提升教育的服务能力和水平。

（10）改革产业学院运行的继续教育管理办法。依据国家有关教育的法律和政策规定，根据产业学院的发展需要，制定产业学院运行的继续教育管理办法，充分发挥产业学院服务社会的作用，进一步规范继续教育管理，理顺内部分配关系，调动各方主体的积极性，培养经济社会发展所需的人才。

第五章 产业学院的建设内容

第一节 创新人才培养模式

随着教育体制改革的深入以及社会教育需求的多样化发展，20世纪80年代以来，人才培养模式问题逐渐成为中国高等教育的重要议题。时至今日，人才培养模式的改革与创新依然是高等教育发展的薄弱环节。我们有必要认真研究人才培养模式的内涵、困惑及其改革创新的出路，为高等教育的发展及人才培养提供应有的服务。

一、产业学院人才环境因素

（一）人才培养市场环境

据国家人力资源和社会保障部信息中心与中国就业培训技术指导中心，对我国近百个城市的公共就业服务机构市场供求信息进行的持续统计分析显示，2015—2021年我国劳动力市场需求始终大于供给。但东部和中部地区劳动力市场需求人数和求职人数均有所下滑，尤其是东部地区。西部市场劳动力供需不平衡的情况较为明显。市场职位需求前10位中，技术工人、教育培训比例同比分别上升2.84%、1.58%，销售人员、物流、交通、仓储比例同比分别下降5.09%、0.83%，其他职位变化较小。

由此可见，高校学生就业面临着严峻挑战。

（1）国内经济发展压力增大。国内经济面临着需求收缩、供给冲击、预期转弱三重压力，对高校学生就业产生了影响。

（2）高校毕业生数量持续增加。

（3）新冠疫情对就业的影响仍在持续。不定时暴发的疫情对高校学生就业产生了持续影响。首先，部分行业和企业生产经营还未恢复到疫情前水平，很多中小企业濒临倒闭，大企业则选择关闭校招和社招通道、裁减在职员工的方式来"瘦身"。其次，因疫情失业的求职者与毕业生同时进入劳动力市场找工作，增加了高校毕业生的竞争压力。

（4）就业的结构性矛盾尚未得到根本缓解。存在"就业难"与"招人难"并存的现象，不同专业、行业和地区间用人需求差异较大。面对市场就业问题，对高校学生的就业指导，更应从教师、学生出发，解决"教师怎么教""学生怎么学"的问题。高校毕业生离校后的职业指导工作，可通过高校毕业生职业指导座谈会、"云课堂"和"一对一"职业指导等形式，实现职业指导业务常态化运行。同时，高校应深入开展职业指导进校园活动，通过举办高校职业指导讲座、座谈会、定制职业指导等活动不间断讲授职业生涯规划课程，提前指导在校毕业生做好职业规划，引导毕业生市场化高质量就业。

（二）院校环境因素

咸阳职业技术学院（以下简称咸阳职院）信息工程学院设计算机应用技术、云计算技术应用、大数据技术等 7 个专业。并建有国家骨干专业 1个、生产性实训基地 1 个，省级一流专业 1 个、示范性综合基地 1 个。共建智慧金融、华为 ICT 等 3 个产教融合基地，云计算、大数据等 3 个培训认证中心，大数据处理、云计算平台搭建与运维等有 39 个实训室，可满足专业实践、技术创新、技能鉴定、社会服务等多功能需求。

近年来，校企合作产生了一批成果。咸阳职院教师获陕西省高等职业教育教学成果奖特等奖 1 项、陕西省高等学校科学技术奖三等奖 1 项、国家发明专利 7 项。咸阳职院学生在全国职业院校技能大赛中获奖 17 项，"互联网＋"双创大赛获银奖 1 项，全国大学生数学建模竞赛专科组获奖 3 项。

二、产业学院培养人才的教育理念

产业学院以人工智能为核心与企业合作，并形成了多种合作形式。产业学院学习和借鉴国内外成功产业学院案例，制定了符合社会需求的培养目标，即以立德树人为根本任务，以学生发展为中心，突破传统人才培养路径依赖，立足中原经济区，聚焦服务区域人工智能产业优势，发挥行业领军企业教育主体作用。深化产教融合，强化使命驱动，围绕大数据、云计算等专业集群，培养能满足社会需求的高素质应用型、复合型、创新型人才。在探索与实践中形成了自己独特的产教融合培养人才的教育理念。

（一）资源共享、优势互补，联合攻关、协同创新

产业学院进行了深入的"产学研"课题研究，在技术攻关、产品开发，尤其是自主创新等方面，充分发挥产业学院在学术队伍、教学设备和科研

经费等方面的综合优势，以及产业学院师生在科研创新方面的潜力，联合攻克技术难关，增强服务区域经济的能力。

（二）培养高水平创新团队，共建创新人才培养平台

通过将科研与人才培养有机结合，构建了科技创新与育人新体系，逐步培养了一批拥有优化的结构、合理的梯队、多学科融合的高水平创新团队和导师队伍，为培养优秀学生奠定了基础。

（三）探索自主创新的培养模式，培养应用型创新人才

通过建设产业学院，实现了学校与企业的强强联合，探索人才自主创新培养新模式，充分利用了产业学院的资源优势，促进了计算机类语言相关学科的交叉融合，探索出一种"研究—实践—新型"三位一体的新型人才培养模式，培养了学生的创新思维和实践能力，促进了学生的全面发展，使其成为高层次、复合型的创新人才。

三、创新人才培养的模式

人才培养模式是指在一定的现代教育理论、教育思想指导下，按照特定的培养目标和人才规格，以相对稳定的教学内容和课程体系，管理制度和评估方式，实施人才教育过程的总和。对"人才培养模式"的概念我国很多学者都对其下过定义。1998 年在教育部召开的第一次全国普通高校教学工作会议上，时任教育部副部长的周远清指出，所谓的人才培养模式，实际上就是人才的培养目标和培养规格以及实现这些培养目标的方法或手段。

（一）人才培养模式创新的制约因素及困惑

目前，我国高校的人才培养模式已不能适应社会的发展，难以培养创新创业型人才，因此人才培养模式亟待改革。但是，改革的进程却又面临着诸多束缚、制约因素及困境。

1. 理念的束缚

在高等学校中，教育思想表现为"大学的理念"。大学理念对人才培养模式的制约、束缚主要表现在两个方面。第一，适应社会发展的新兴办学理念缺位。目前高等教育领域还没有形成学术自由、国际化、通识教育等理念。多样化、以人为本、终身学习等理念，则基本上停留在学界，还没有被高校很好地付诸实施。第二，缺乏对高校教学整体改革的理性思考。

长期以来，高校缺乏战略思考，缺乏对人才培养模式的顶层设计。大学到底培养什么样的人才，怎样去培养这样的人才，没有很好地、系统地进行思考。高校似乎在忙忙碌碌办学，但真正如何办学，如何育人，育人的体系如何建立健全，如何真正引导教师的长远发展，并以教师的创新带动学生的创新，如何真正满足师生的旨趣，高校都没有去进行认真的规划设计。

2．制度的羁绊

人才培养模式创新的一个重要制约是制度。主要表现在两个方面。一是学校内部权力的失衡与错位。随着办学自主权的扩大，高校有了较大的权力。其组成人员多数是由学校、院系以及职能部门的负责人，很少有"布衣"教授参与。这些负责人更多的是从行政的角度考虑问题，而忽视了对学术的考量，从而虚置了学术权力。人才培养模式的改革是一项重要的学术事务，需要教师的积极参与。但是，学术权力的缺失，阻碍了教师主动性、积极性的发挥。没有教师的积极参与，人才培养模式改革创新只能流于形式。

3．高校评估制度不完善

对教学和科研的评价失衡，对科研的评价具体、实在，而对教学的评价则空洞、不具体。目前，我国对高校的评估以政府主导的行政性评估为主。行政性评估中影响最大的莫过于对学科评估及专业教学工作水平的评估。但基本上与教学模式的改进无多大关系。对"真正的教学"的评价指标则不具体，对改善大学内部教学内容的影响有限。另外，教学评价还存在单一化、数量化的倾向，忽视了对教学特色、个性化教育教学模式的评估。

4．资源的约束

虽然近年来国家一直在大力推动人才培养模式的改革，也有不少的高校提出了诸多新的培养模式。但是，这些模式往往陷入表面化、口号化，或者仅仅是培养模式要素的局部改变，而不是整体变革。这与人们对培养模式理解的偏差有关，与制度的束缚有关，同时也与教育资源的匮乏有关。首先，表现为教育经费不足。教学改革需要相应的经费保障，但高等教育大众化以后，教育经费严重不足。其次，表现为师资建设较弱。教师没有从事人才培养模式改革的外动力和内驱力。从外部来讲，学校对教师的考核重显性成果，即科研"硬指标"和教学"软指标"。科研成果容易测量，产出也立竿见影，而教学成果的好坏则难以评价。另外，育人的周期本身就长，人才要真正到社会上发挥作用也不是短期内能看到的，并且还会受到很多动态因素的影响。最后，表现为课程资源不足。课程是人才培养的核心要素，是人才成长的载体。人才培养模式的改革要以优质、丰富的课程资源为基本条件，但是我国高校的课程却存在严重的不足。我国大学在课程内容的广泛性方面做得最好的是北京大学和清华大学，但其也仅在 3 000 门左右。美国多数高等学校都几乎达到人均一门（次）课程，即 5 000 人规模的本科院校要开设 5 000 门（次）左右的课程。课堂资源不足对我国当前人才培养模式的创新，是一个极大的限制。

（二）人才培养模式改革的出路

人才培养模式的创新，虽然与政府的评价及社会其他因素有很大关系，需要政府与社会作出相应的改变，但最根本的出路还在于高校自身的努力，高校应勇于和善于承担起教学改革、人才培养模式创新的主体性责任。

1. 树立以学生为本的核心理念，做好顶层设计

人才培养模式的创新，要树立以学生为本的核心理念，从学生的需要出发，一切为了学生，并以此为最高追求，做好顶层设计，整体构建人才培养模式。

以学生为本，就要以学生发展为着眼点，遵循人才成长的规律。研究人才成长的条件，改善教育条件与教育环境。人才成长需要一定的条件，包括有效的创造实践、内外因综合效应、竞争与合作、共生效应等。这涉及一系列复杂的因素，如活动与环境、竞争与合作、期望与激励等。高校要重视对这些复杂因素的研究，在此基础上，改善教育条件，创设理想的教育环境。研究人才成长的过程，要采用科学的方法。人的成长是分阶段的。各阶段的主要任务不同，培养方法也不同。人的发展除了具有阶段性，各类型人才、各层次人才的最佳发展年龄也是不一样的，并且人的各项素质的发展都有其关键期。在教育过程中，高校要深入探索人才成长的规律，使人才的培养有科学依据。

以学生为本，就要真正追寻学生的兴趣、特长，将他们的优点发挥到极致。面对生源的多样性和差异性日益明显的特征，如何推动所有的学生走向成功，是高校面临的一个重大问题。通过对课堂教学的大量观察，我们发现，在课堂上，学生的眼睛"不亮"，学生与教师之间缺乏交流。这是由于教育教学内容及形式不符合他们的兴趣，没有满足他们的需要，学生学习是被动的。心理学研究表明，只有符合学生的知识结构、学习风格、学习兴趣，教学才能对学生学习起到积极的作用，学生才能够在已有的知

识结构上继续构建自己的心理图式。不研究学生、不针对学生的教学是单向的、无意义的教学。教师要改变传统的教学方式，做一个专家型教师，去探究、追寻学生的兴趣和基础，去激发学生的热情，推进个性化教育，师生共同建构学习的愿景，最终使得学生成为自主的学习者。高校教学要从以"教"为主转向以"学"为主，此外，以学生为本，还要实现几个重大转变：从以知识传授为主转向以能力培养为主，从单一课堂教学转向校内校外全方位育人，从传统的教学方式转向现代信息技术教育等。

人才的培养模式是一个整体，需要做好顶层设计。在以学生为本的理念指导下，弄清楚理想的培养目标是什么。不同层次、不同类型的高校，人才培养的目标、规格是不一样的。要制订科学可行的人才培养方案，包括与之配套的专业、课程、教材、教学方法、评价体系等，使之成为一个和谐统一的整体，而不是这些要素的简单组合。一个科学合理的人才培养模式，要能实现高校与社会之间的良性互动，使得人才培养模式的更新有不竭的动力。新培养模式及培养方案制订后，还要与原有的培养模式进行比较，找出改革的重点、难点，并积极实施新的培养模式。

2. 建立多方协商的机制，形成理想的人才培养模式

目前，我国高校人才培养模式的形成并不是多方协商的结果。政府以及学校行政权力影响过大，而教师、学生及社会组织往往没有机会参与。形成理想的人才培养模式需要建立社会、教师及学生和高校多方协商的机制。

（1）确立以社会需求为导向的方向性。现代大学，已经走出"象牙塔"并融入了社会，已经从社会边缘走向社会中心。身处社会中心的高校，必然要采取一种以"社会需求导向"的发展模式，改变社会在人才培养模式形成过程中缺位的现象。这就需要完善我国社会用人需求的信息系统，因为"我国人才市场反映高校毕业生供给与社会用人需求的管理信息系统十分薄弱，统计指标与数据长期处于粗放状态"。对高校而言，则要主动地联系行业组织、地方政府、社会中介等，获取相关的社会需求信息，并及时将社会需求的预测反映到人才培养模式中。

（2）确立教师在人才培养模式创新中的主导地位。教师是人才培养的主体，是人才培养模式决策与设计的重要参与者。目前高校的人才培养模式基本上是由学校教学指导委员会领导、教务处统筹规划、各院系教学领导具体设计的。教师在人才培养模式的构建过程中，往往没有机会参与，而只是人才培养模式的执行者。要改变这种自上而下的路径，确立教师的重要地位。在人才培养模式形成的过程中，学校要在考察社会需求的基础上，征求教师的建议，也可以由教师在实践的基础上提出人才培养模式改革的设想，学校加以汇总并对照社会需求，形成较为合适的模式。

（3）赋予学生改革的话语权。传统的观点认为，不能参与学校事务的管理。但是，学生是人才培养的对象，是学校的"产品"，而且这种"产品"是自己生产自己。学生应该对人才培养模式有自己的评价权、选择权。高校在构建人才培养模式的过程中，要通过问卷调查等方式，让学生发表自己的看法，赋予他们在人才培养模式形成上的话语权。在对学生充分了解的基础上，注重对其个性化培养模式的构建。在人才培养模式实施一段时间之后，学校要调查一下毕业生对它的评价，这样才能使人才培养模式的改革有坚实的基础。通过建立多方协商的机制，各方的利益诉求都能得以表达，所培养的人才就更接近于人们的期望，人才培养模式也就较为理想了。

3. 整合与优化教育资源，奠定人才培养模式创新的物质基础

高校是典型的资源依赖型组织，资源不足对高校人才培养模式的创新是一个极大的限制。在资源缺口不能迅速得到解决的情况下，整合与优化资源是一条理想的路径。

（1）实现校内外课程资源的共享。目前在我国高校内部，跨院系、跨层次的课程共享率低。学生的选修课程基本上还限定在本院系。本科生与研究生之间资源共享的比例就更加微乎其微了。至于高校之间，我国已经建立的一些大学区，但除了图书资料及部分选修课有共享，包括课程在内的其他方面的共享都没有什么进展。人才培养模式的创新，需要整合校内的课程资源，打破门户之别，学校统筹安排，营造共享文化，加强共享管理，改进共享技术，解决共享过程中可能存在的知识产权、收益等利益之争。对各高校，则要形成更加合理的机制，充分利用网络、地域的优势，加强合作。如以麻省理工学院为主牵头而成立的开放教育资源联盟，使得很多高校在网络上共享了众多教育资源。我国政府通过网络也在推动精品课程的建设。除了网络资源，利用地域优势，实现校际资源共享的空间也很大。充分利用他校的优势专业、优势课程，本校学生既可受益，也可节省出本校盲目求全发展所花费的资源，以加强本校优势学科、专业的建设。

（2）加强教师资源的共享。当前高校师资存在两种情况：第一，随着扩招的推进，高校纷纷出现了师资数量整体不足，且存在学科和地域的结构性差异。第二，师资素质不能适应人才培养的需求。这就需要加强师资

资源的共享，取长补短。在解决师资结构性矛盾的问题上，咸阳职业技术学院的做法有一定的借鉴意义。2014年开始，咸阳职院开始实施师资互聘。即使是在一所高校内部，也可以整合资源，形成教学团队，促进教学研讨和教学经验交流，开发教学资源，发挥教师队伍集体的力量。另外，高校内部还可以实现科研团队和教学团队的共同发展。通过科研内容积极向教学内容转化、科研成果向教学成果及时转化、科研方法与教学方法的渗透、教学问题与科研问题的双向延伸等，都能促进人才培养的灵活性、柔性、多元发展。对于师资总体数量及师资素质而言，则可以积极引进政府、企业人员作为兼职教师，以补充本校教师数量，同时解决本校教师实践经验不足的问题。

（3）加强教学设施的共享。目前，高校内部各院系的教学设施基本上不对外，其他各教学单位一般不能使用。这导致很多教学资源的闲置与浪费。除要加强院系间资源的共享，还要加强对产业界设施的利用，开展更多的富于成效的、深度的合作。

第二节　研制专业建设标准

一、产业学院专业建设目标

咸阳职业技术学院与南京第五十五所技术开发有限公司等企业深度合作共同成立产业研究院，由院士团队领衔，基于新一代信息技术专业群，开展产教融合创新项目研究。产业学院围绕云计算、大数据、人工智能等新一代信息技术及产业创新应用等方面，联合各方主体进行科学技术研究、承担相关项目课题，联合开发高层次科技创新平台，实现了一批关键技术和产品应用的孵化，促进了一批科技成果的产业化，解决了若干中小微企业的问题，为周边区域新一代信息产业领域内的中小微企业提供了智慧服务和数据运营支撑，实现了产业链资源的协同创新。

二、专业建设标准内容

咸阳职业技术学院引进了新一代信息技术领域专家团队、教师团队、企业团队，共同组建产业研究院，搭建产教深度融合的"产、学、研、创"共享式技术技能创新平台。由院士团队领衔，基于新一代信息专业群建设，联合各方主体进行科学技术研究的高层次科技创新。通过围绕新一代信息技术项目研究、教学资源与教学设备开发、课题研究、项目孵化、成果转化、企业服务、科研人才培养、人才智力支持等，开展项目科研、成果转化，探索科研带动职业教育发展的实现路径，从而促进科技成果的产业化，培养创新人才队伍，为增强学校自主创新能力提供强有力的支撑，并对区域经济转型发展起到积极的推动作用和示范效应。通过引入行业头部企业，共建基于企业应用场景的"工匠工坊"，组建校企混编团队，创新学校与本领域领军企业协同的人才培养模式，并进行有效推广。重点面向中小微企业，开展技术咨询和服务，帮助企业开展技术研究和技术攻关，协助企业完成产品生产、技术改进和创新。

三、专业建设标准制定的依据

（一）理论研究

专业建设标准的制定既要"接地气"，又要"通天气"。学校要对政府主管部门关于职业教育和行业产业改革及发展的文件进行解读，要对职业教育和专业建设相关文献进行研读。通过对政府文件解读，如《国务院关于大力发展职业教育的决定》《国家中长期教育改革和发展规划纲要（2010—2020年）》《中共中央、国务院关于深化医药卫生体制改革的意见》《医药工业"十二五"发展规划》等，可以了解职业教育和医药产业的发展方向及专业建设的定位，为专业建设标准的制定提供导向。学校通过对职业教育和专业建设相关理论的学习，如《高等职业教育专业建设理论与探索》《职业教育学研究新论》《高等职业学校专业教学标准（试行）》等，可以了解专业建设的模式和方法，为专业建设标准的制定提供思路。

（二）行业调研

专业是为行业和职业服务的，专业的设置和发展必须有效对接区域主导产业、支柱产业和战略性新兴产业，才能培养出满足行业和企业需要的高素质技术技能型人才。因此，在专业建设标准的制定过程中，必须对行业企业和职业岗位进行广泛深入调研。在此基础上，经过分析综合形成调研报告和岗位能力分析报告，用以指导专业人才培养方案、专业建设规划、专业质量评价指标等标准的科学制定。

（三）经验总结

专业建设既是一项系统工程，又是一项经验工作。因此，在专业建设标准制定过程中，既要不断总结自身专业建设的经验，又要虚心学习和借鉴兄弟院校专业建设的经验，通过思考、分析、归纳、总结经验要点和典型案例，形成具有指导价值的经验文本，为专业建设标准的制定提供实践依据。

（四）专家论证

专业建设必须成立专业建设指导委员会，无论是在专业开设前，还是在专业建设过程中，都需要聘请来自行业企业、职业教育科研机构、职业教育管理等领域的专家对专业调研报告、专业建设规划、专业人才培养方案、专业建设制度等进行论证。通过专家高屋建瓴的思路和丰富经验的指导，可以使专业建设标准更加符合人才培养规格的要求，可以使专业建设从一开始就步入标准化建设的轨道，从而促进专业的健康、持续、稳步发展。

四、专业建设标准制定的策略

专业建设标准的制定是一项系统工程，要把握好方向，确定好原则，选择好依据，掌握准专业建设的主要内容和核心问题，才能制定出科学、规范、实用的专业建设标准。专业建设的原则有以下几点。

（一）"三化"原则

"三化"原则，即专业化、职业化、定量化原则。专业化是指基于特定专业制定与该专业发展相适应的专业建设标准，以提高标准的针对性；职业化是指将综合职业能力培养贯穿标准建设的全过程，以提高标准的应用性；定量化是指将标准内容指标尽可能以数字、等级、比例等量化指标明确界定，以提高标准的执行性。

（二）"三性"原则

"三性"原则，即操作性、指导性、示范性原则。操作性是指标准的条目、指标、内容清清楚楚，指令性强，不模棱两可，以提高标准的实施性；指导性是指标准明确指令"做什么""怎么做"，以对特定专业建设具有实实在在的指导作用，以提高标准的实用性；示范性是指标准各项指标具有较高的层次，通过本标准建设的专业能逐渐成为示范专业，以提高标准的引领性。

（三）"三观"原则

三观"原则，即动态观、发展观、质量观。动态观是指标准中的某些指令需要用现在时、进行时予以表述，而不是过去时、完成时，以体现专业建设的持续性；发展观是指标准中的各种调研需要不断开展，规划、计划需要不断修订，制度、文件需要不断更新，从而使专业建设始终处于健康发展的轨道；质量观是指标准的制定始终围绕提高教学质量、打造精品专业为中心任务，不断吸收新的思路和方法，以体现标准的有效性。

（四）"三融合"原则

"三融合"原则，即行业、职业教育、专业的有机融合。专业建设在横向层面是行业发展和职业教育的有机融合。因此，在制定专业建设标准时，应将行业发展情况、职业教育教学规律和专业建设主要内容融为一体，三者兼顾，才能制定出适应行业人才质量需求、满足专业发展需要、符合职业技术教育要求的专业建设标准。

五、专业建设标准包括的内容

（一）专业开发标准

一是专业定位标准，即对专业调研论证和岗位能力分析的行为和内容进行规范，使专业定位准确，并与区域经济社会发展相适应；二是专业发展标准，即对专业建设规划和专业方向拓展的行为和内容进行规范，以保证专业持续发展，并与行业产业发展变化保持一致；三是专业文化标准，即对与专业相关的物质性文化和非物质性文化建设内容的规范和指导，使专业文化建设内容不断丰富深厚，并逐渐成为专业学生素质提升的重要平台。

（二）课程建设标准

课程建设包括课程体系建设和课程管理。课程体系建设，即人才培养方案和课程标准的制定。课程体系建设标准是专业建设的核心，是师资配备、资源建设和教学实施的依据。只有科学制定课程体系，才能满足高素质技术技能型人才培养的要求。课程管理标准，即对课程实施、教材选用开发、精品课程建设和示范课开展的行为和内容进行规范，使课程管理科学、规范、精细、有序，以落实人才培养方案和课程标准的要求。

（三）师资建设标准

师资建设包括专业负责人、专业教师和教学团队的建设。通过对师资队伍的基本条件（学历、学位、职称、结构、比例）、基本素质（职业素养、专业能力、个性品质、学识水平）、教科研能力、知名度、实践培训等内容进行规范，从而满足专业建设的需要并保障专业建设标准的实施。

（四）资源建设标准

资源建设包括实训基地和信息资源的建设。实训基地建设标准，即对校内实训基地建设、管理、利用，以及校外实训基地的设立、管理和开发的行为和内容进行规范，使实训基地满足专业学生实验、实训、实习和专业教师实践的需要，并成为校企合作的平台。信息资源建设标准，即对专业图书和数字化资源建设、管理和利用的行为和内容进行规范，使信息资源丰富多样，从而满足学生和教师广泛涉猎专业知识、不断提升自身素质的需要。

（五）教学实施标准

教学实施包括教学常规管理和教学改革。教学常规管理标准，即对课堂教学和顶岗实习管理的内容和行为进行规范，使常规管理精细有序，以提高管理的效率和效果。教学改革标准，即对教学模式改革和教学管理创新的内容和行为进行规范，使教学改革不断推进，增强教研活力，促进成果产出，并为常规教学提供源源不断的智力支撑。

（六）质效评价标准

质效评价包括对办学规模、培养质量和社会服务的质量和效益评价。办学规模评价标准，即对学历教育和非学历教育规模的评价进行规范，使办学规模适度，并与学校教育培养能力相适应。培养质量评价标准，即对"四证"（学历证书、职业资格证书、英语等级证书、计算机等级证书）的取得、技能大赛获奖、就业率、创业教育情况及社会满意度的评价进行规范，以确保培养质量优良，充分展示学校教育的硬实力。社会服务标准，即对技术服务和资源共享情况的评价进行规范，以鼓励和促进学校利用自身资源广泛参与社会服务，实现经济效益和社会效益双丰收。

第三节　开发工学结合课程

技术技能人才对于国家发展具有不可忽视的作用，但我国技术技能人才的供需矛盾依然较为突出，学校输出的人才与社会需求存在脱节现象，人才培养质量有待大力提高。以评促教，用评价改革引领教育改革发展的方向，除可检测学生的学习质量、知识水平和技能水平外，还能指引学生的学习行动、激发其学习兴趣、增强其实践能力，有效提升人才培养质量。

工学结合课程已成为我国职业院校主要的课程模式，但此模式课程的评价问题仍未得到很好的解决，直接影响了人才培养质量。

目前虽然关于职业教学评价的研究不少，但众多高职工学结合课程评价"新瓶装旧酒"，本质上仍在沿用传统课程评价模式，特别是与人才质量高度相关的工学结合课程学习质量评价尚未受到足够重视，缺乏实用性研究成果，需要建立"合身"、科学和更加有效的学习质量评价方案。

咸阳职业技术学院与南京第五十五所技术开发有限公司达成合作，成立了人工智能产业学院。在课程设计方面其采用了"去陈立新"的思想，公共基础课制定了统一标准、统一课程，专业核心课由企业设计人才培养方案，采用与当下就业市场最佳匹配的课程，同时设计了实践课程。从而采用从公共基础课到企业专业核心课，最后再形成社会实践课程的路途。以下是企业设计工学课程内容。

一、实验课程建设

（一）云计算、大数据实训室建设

云计算大数据实训室主要建设为师生提供了云计算专业技能实训平台、项目案例实训平台、技能竞赛培训平台、科研创新服务平台以及创新创业支持平台（见图5-1）。

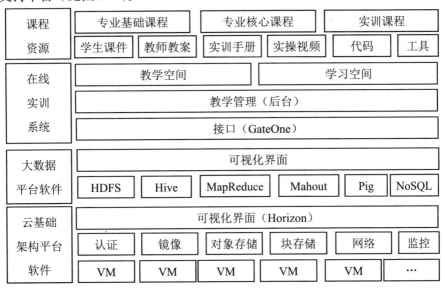

图 5-1 云计算、大数据实训平台技术架构图

云计算大数据实训平台支持 KVM、XenServer、OracleVM、Xen 等虚

拟化技术，Hadoop Spark、Docker 容器、资源虚拟化、分布式计算、web 计算等主流技术及平台的学习、实训、考核分析应用，培养面向云计算平台建设与服务企业，能在生产、管理及服务第一线从事云计算的系统建设、运行维护、测试评估、安全配置、迁移服务等工作的，该实训平台可持续发展能力的高端技能型专业人才。该实训平台有很深的实践意义。该实训平台按实际管理的角色定义，采用分权、分域的分级管理模式，课程资源与过程实施弱耦合①，教学过程中按需分配实验环境，学生学习、实训环境高度集成。该实训平台包含的模块有课程类别管理、知识标签管理、基础镜像资源管理、实验课程资源管理、开课管理、教学班管理、实验环境管理、实验报告管理、我的课程、我的实验及报告、我的实验环境等。

（二）课程资源建设

汇集领域内专家、学者，提炼整合行业先进技术、企业案例精华，开发丰富的数字化课程资源和专业教材。课程内容设置上遵循高职专业教学标准、职业技能认证考核标准和岗位技能要求，通过实训平台环境，在技能实操上采用在线教学，培养学生掌握云计算技术与应用、大数据技术与应用相关的专业知识和实操技能，满足职业院校能够顺利开展云计算、大数据专业教学、技能培训、竞赛训练等教学工作的需要。这对深化课程教学改革、提高教学质量具有重大意义。

数字化课程资源包括配套实验手册、教学课件、教学讲解视频、实验操作视频、源代码工具包等。课程内容规范、技术主流先进，同时引入典型行业企业项目案例，能够支持项目教学、案例教学、情景教学、模块化教学等教学方案，从而丰富了教学内容。

二、人工智能实训实践中心

咸阳职业技术学院建成了完整统一、技术先进、项目齐全、应用深入、高效稳定、安全可靠的人工智能实训室。实训室旨在满足高职院校在人工智能专业教学科研、技能实训方面的应用需求，并可建设成为现代职业教育领域集自主学习、在线实训、发掘趣味、竞技 PK、科研互动于一体的实训科研场所。实现高职院校人工智能计算专业教学能力水平的整体提升，

---

① 弱耦合是指两个或多个模块之间的关系不是很紧密，任何一个模块的改变不会影响到其他模块。

让学生具备良好的职业道德、创新精神以及专业的技能知识，从而培养人工智能领域具有可持续发展能力的高端技能型专业人才（见图 5-2）。实训室具体建设目标有：支持人工智能专业技能实训，提供人工智能计算专业教学资源，支持师生在人工智能领域的创新科研应用，建设成为辐射周边人工智能专业培训和技术支持的服务平台。

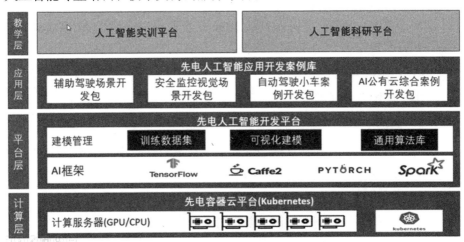

图 5-2　先电人工智能实训室架构图

二、现代学徒制"工匠工坊"建设

"工匠工坊"是一种基于现代学徒制、项目任务驱动制，以培养具有工匠精神的新工科技术技能型人才为目标的校企产教融合产物。"工匠工坊"核心理念是以工坊为载体，将真实工作场景，真实工程案例、真实工作过程、真实商业项目引入课堂，是企业生产和研发机构的延伸。按照现代学徒制人才培养模式，通过企业建立师傅—学生学徒的培养服务方式，培养具有工匠精神和精湛技艺的技术技能人才。

"工匠工坊"一方面为培养行业领域内高端技术技能型人才而设置，另一方面可以作为校企合作进行工程项目联合研发、创新项目联合开发的支撑平台和办公场所。"工匠工坊"日常使用、运营由院校负责，企业工程师定期进行现场服务，工坊内教师和学生组成团队，完成计划的教学任务和项目开发任务，一方面培养对口行业企业需求的工程技术型人才，另一方面发展校内产业性经营实体，促进地方经济发展，形成工学结合、产学对接、产教融合的办学模式。

（一）云计算综合运维管理"工匠工坊"

1. 主要内容

本工坊的主要项目围绕"云计算综合运维管理"而设计。本工坊的主要实战项目及内容有 Linux 应用技术、Linux 高级运维、Linuxshell 编程、云计算 OpenStack 平台技术与应用、高可用 Web 站点部署（Linux 和 Shell）、斗学网迁移上云项目（规划、迁移、运维）、企业混合云平台设计和构建（超融合私有云构建）、可承接项目类型。

2. 人员配置

本工坊配置专任教师 1 人，企业工程师 1 人。

3. 面向学生

本工坊面向新一代信息类、计算机类、大数据技术与应用专业的学生开放。

4. 开放时间

本工坊的开放时间为第四学期至第五学期。学生在此期间可以向本工坊的负责教师提出申请，经过考核通过后办理相关入坊手续后，即可进入工坊开展项目实践。

5. 实践效果

进入本工坊的学生可以系统学习云计算运维与管理的技术，熟练掌握公有云的主流产品，能够承担基于公有云的软件系统的运维工作。

（二）微信小程序应用与开发"工匠工坊"

1. 主要内容

本工坊的主要项目围绕"微信小程序应用与开发"而设计。本工坊的主要实战项目及内容有 HTML5＋CSS3、JavaScript、微信小程序开发、MongoDB 数据库 Java、微信组件实例、（Javascrip、CSS3、Node.js、小程序 View、组件）、O2O 商城小程序（团队猫、小程序服务、MongoDB）、2048 小游戏、（小程序 View，Javascrip、手势滑动、合并算法）、贪吃蛇小游戏、（Canvas、碰撞算法）、单车（基于自主后台服务）、可承接项目类型。

2. 人员配置

本工坊配置专任教师 1 人，企业工程师 1 人。

3．面向学生

本工坊面向新一代信息类、计算机类、大数据技术与应用专业的学生开放。

4．开放时间

本工坊的开放时间为第四学期至第五学期。学生在此期间可以向本工坊的负责教师提出申请，经过考核通过后办理相关入坊手续后，即可进入工坊开展项目实践。

（二）实践效果

进入本工坊的学生可以系统学习微信小程序应用与开发的技术，熟练掌握微信小程序的主流技术，能够承担基于微信的各种小程序产品的应用与开发工作。

三、"1＋X"培训认证中心建设

探索实施"学历证书＋若干职业技能等级证书"（简称"1＋X"证书）是"职教20条"改革部署的一项重要工作。院校作为"1＋X"证书制度的实施主体，要根据职业技能等级标准和专业教学要求，将证书培训内容有机融入专业人才培养方案，优化课程设置和教学内容，统筹教学组织与实施，深化教学方式方法改革，提高人才培养的灵活性、适应性、针对性。

为贯彻落实《国家职业教育改革实施方案》，积极推动"学历证书＋若干职业技能等级证书"制度，产业学院统筹规划"1＋X"培训认证中心建设，为"1＋X"证书的具体实施工作的顺利开展提供基础软、硬件支撑的环境。

本次规划建设一个集职业技能培训、考核评价和服务发展于一体的开放共享的公共培训和考核认证基地，从而开展云计算平台运维与开发职业技能等级证书的认证、考核、培训工作。规划一套"1＋X"证书管理制度、保障体系，将证书培训内容有机融入专业人才培养方案，从而推进教学标准与职业标准融通，加快培养复合型技术技能人才，深化"书证融通"工作。

（一）"1＋X"证书培训、实训工作开展

建设"育训结合"的互联网在线培训、技能实训的一体化平台，提供针对计算机网络技术专业群所需的在线技能培训教学及在线技能训练实验环境，能够支持院校顺利开展"1＋X"证书制度试点工作内的专业技能培

训、实训应用和技能竞赛、认证训练提升应用等活动,提高职业培训的质量。

(二)"1+X"证书配套基础设施平台建设

建设一套包括服务器、交换机等硬件设备和企业 IaaS 云管平台的一个超融合的院校专用云平台。平台紧密集成计算、存储、网络、虚拟化和其他技术,通过统一界面对集成于其中的软、硬件资源进行弹性调度分配和监控管理,同时能够支持未来平台内计算、存储、网络等各资源的横向线性扩展应用。平台具备满足开展"1+X"证书培训、实训和考试的需求。

四、创新实践中心建设

对接产业,整合华为、海康威视、百度、商汤等主流厂商资源,共建基于头部企业应用场景的创新实践中心。该中心包括商汤交互体验中心、腾讯云应用体验区、百度人工智能应用体验区、海康威视人脸识别应用体验区等创新实践开发区。同时基于无人值守的共享模式建设创新实践基地,引入二维码门禁、智能监控、人脸识别、智能应用等黑科技,实现对创新实践中心科学化、高效化、智能化的管理,满足多层次人员应用需求。

南京第五十五所技术开发有限公司对接头部企业,定期组织企业专家讲座、企业参展、企业行业竞赛合作、对口工作岗位推荐等活动,实现行业技术成果、项目案例、行业信息、企业需求等信息的开放共享。

(1)企业专家讲座。邀请产业学院合作企业、行业主流企业专家前往产业学院开展专项讲座、交流活动。

(2)企业参观。定期组织产业学院师生前往合作企业参观,了解企业需求、文化,开阔视野,增长见识,强化学生的就业意识。

(3)行业竞赛合作。对接企业,组织开展行业竞赛工作,引入合作企业技术支持、设备支持、赞助,支持院校培养符合实际生产需求的技术技能人才。

(4)对口工作岗位推荐。对接合作企业,企业对产业学院开放人才岗位招聘需求通道,基于"职学通"平台,开展就业岗位技能需求调研分析,构建学生培养能力目标,实时跟踪学生学习情况,推进学生能力发展和岗位目标的高度匹配,推荐人才高度对口就业。

(5)人才创新模式的评估。这也是最重要的环节。学习质量及人才质量的提升,尤其需要重视评价结果的价值与应用。对工学结合课程学习质量的评价应具有检测与评估、诊断、导向、激励、反馈、调节和监督七大功能。检测与评估功能，是对学习者经课程学习后所掌握的相关能力、技能、工作绩效、知识等水平进行测量和鉴定。诊断功能是通过学习质量评价结果反映和揭露学习、教学、课程建设及办学单位管理等方面存在的问题。导向功能利用评价的方法、评价指标、评价标准、激励手段等要素为学习者学习、施教者教学与课程建设、单位办学等提供目标指引和行动方向等。激励功能是基于管理学、心理学和教育学等激励理论，通过一定的激励手段和措施，激发学习者、施教者提高学习和教学质量的兴趣、动力和能量。反馈功能是将评价的结果反馈给学习者、施教者、办学单位，为进一步行动提供依据。调节功能是依据评价的反馈结果，改进学习、教学、课程建设及办学。监督功能是教学管理人员或部门通过评价掌握学习者学习、施教者教学及课程建设及部门办学情况并进行管理。评价除了可用作"尺子"测量或鉴定学习者学习质量、施教者教学效果和教学单位办学成效，还可用以促进学习质量、教学质量、办学成效的提升及课程建设。评价的"驱动器"功能更具价值，应予以足够重视。评价要当好人才培养的"驱动器"，需要其具有诊断、导向、激励、反馈、调节及监督功能。纵观国内外学者关于课程与教学评价功能的论述，现行的评价方案重在检测学习、教学或课程建设效果，普遍忽视了利用评价激发兴趣与潜能、引导学习和调整学习与教学等作用，即忽略了评价的导向、诊断、反馈、激励和调节功能。为发挥评价在人才培养质量提升中的作用，应最大限度地发挥评价的各项功能，特别应重视评价结果的反馈、激励、调节功能。

第四节　培育教学创新团队

职业教育教师教学创新团队建设在教师的教学理论探索、教学实践创新和专业发展之间架设起一条通达的路径，其基本思路应是以师德师风建设为引领，以优化产教融合和校企合作为支撑，以深化职业教育"三教"改革研究为抓手，以教研科研项目为纽带，培育专业融合、学科交叉和"产学研"一体的高水平、结构化的示范性教学创新队伍。为落实这一建设思路，需要构建"五维融合"的职业教育教师教学团队建设路径，其中，制度与文化的融合是团队建设的催化剂，使"理实融合""科教融合""产教融合"和"专创融合"更好地联结在一起发挥作用，共同为产出"高质量有特色"的团队建设成果服务。

一、理论与实践融合：提高职业教育教师能力，提升教师的教学能力

专业能力以及建立在二者基础之上的综合能力是职业教育教师教学创新团队建设的基础性任务。高校可以实施"三大引领"行动计划，通过理论与实践融合全面提高教师能力。

第一，实施培训引领教师教学能力提升计划。摒弃碎片化、随机化的教师培训，加强教师培训的供给侧结构性改革，根据教师团队的实际需求和职业教育教师专业发展规律，系统化、递进式设计培训内容，围绕专业领域发展前沿、专业教学法和教学模式改革、职业教育课程开发技术、职业教育新型教材编写方法、信息技术教育应用等主题，采取"专业前沿工作坊""教学思享会""教学论坛"等多样化形式，定期组织专题培训，不断提升团队教师的专业理解能力、课程开发能力、信息技术应用能力以及教学研究能力等。

第二，实施实践引领教师专业能力提升计划。根据教师承担课程类别和教师的企业经历状况，分类制订教师行业企业实践计划，在企业的实践时间、内容、任务和评价等方面体现出差异化要求，让团队教师有针对性地学习专业领域先进技术并参与企业产品研发工作，促进团队关键技能的改进与创新。

第三，实施竞赛引领教师综合能力提升计划。团队组织成员积极参加职业院校教师教学能力竞赛以及其他专业类技能竞赛，支持团队教师指导学生参加全国职业院校技能大赛以及其他各级各类专业技能竞赛，充分实现"教学做赛"一体化发展，在参加竞赛和指导学生竞赛过程中提高自身的综合能力。

二、科研与教学融合：增强职业教育教学效力

突出研究性是高水平职业教育教师教学创新团队建设的基本诉求，"从'建设'到'研究'，是高职等职业教育内涵发展范式的转变。只有围绕这一思路，才能发展成为真正具有标杆意义的高职院校"。探索科教融合发展新模式，通过"三种赋能"全面提高等职业教育职业院校专业教学效力。

首先，科研创新赋能教学内容系统性变革。团队可根据本专业领域的技术模块和研究方向，组建 3 个左右科技研发创新团队，承担一定数量的企业横向项目和高级别纵向项目，产生一批标志性成果，为课程内容改革

奠定学科和工作过程的知识基础。

其次，技能证书赋能模块化课程体系重构。对专业领域对应的典型职业岗位进行模块化划分，通过对职业标准和证书标准的深入研究，将"1+X"职业技能等级证书标准转化为课程教学标准，重构专业模块化课程体系，促进职业技能等级证书与学历证书相互融通。

最后，"三教"改革赋能课堂教学质量提升。团队聚焦教师专业发展、教法创新和教材改革中的难点和痛点问题，承担高级别教改研究课题，创新模块化教学模式，推进课程思政改革，创造性应用行动导向教学、项目式教学、情景式教学、工作过程导向教学等教法，推进信息技术与教育教学融合创新，增加课堂活力，提升教学质量，形成典型教学方法应用案例集、课程思政教学案例集，开发新型活页式和工作手册式教材。

三、产业与教育融合：形成教学创新团队合力

深化产教融合，推动学校（高校、职业院校）与行业企业深度合作，形成教师教学创新团队的合力。

第一，打造区域高素质、复合型技术技能人才培养培训协作共同体。团队致力于与专业领域高端行业企业、区域内职业院校紧密合作，建立本专业领域技术技能人才培养培训集团，打造区域内技术技能人才培养培训协作共同体，以创新团队建设为纽带，形成校企、校校"命运共同体"。

第二，打造"升级版"校企合作实习实训基地。充分发挥行业企业技术专家、职业院校教学名师在教学创新团队中的杠杆作用，对接行业企业优质资源拓展课堂空间，不断完善校企、校校间多元协同、资源共享的工作机制，对照校企共同制订人才培养方案、共同开发专业课程、共同指导学生、共同开展研究、共同评价人才的要求，打造若干个"升级版"校企合作实习实训基地。

第三，打造专业领域职业教育新型高端智库。团队以专业已有的科研教学平台为依托，聚焦专业领域新业态发展和职业教育人才培养的重大决策需求，汇聚国内外优秀智力资源，尤其是国内同类教学创新团队资源，建设专业领域职业教育新型智库，加强智库与教育决策部门、行业企业以及职业院校的衔接，与主流媒体合作，谋划和承担重要政策咨询项目。

四、专业与创业融合：提升创新团队服务能力

提升创新团队的服务能力是团队建设的必然要求，可以通过"三个创

建"推动"专创融合",切实提升团队教师服务学生就业创业和行业企业发展能力。首先,创建专业领域学生创新创业教育品牌。在专业人才培养方案中,融入创新创业教育作为专业教育内容,将"创新创业基础""创新创业实践"等模块内容融入专业课程,打造 3~5 门"专创融合"示范课程,指导学生参加各级各类创新创业竞赛,创建专业领域学生创新创业教育品牌。其次,创建"专创融合"服务行业企业发展机制。依托学校、学院与行业标杆企业建立的校企合作创新创业平台,由团队教师领衔、专业学生组建若干个创新创业团队,推动师生共同体在专业前沿领域的创新创业实践,形成"行业企业出选题,创新创业来解题,研究成果进课堂"的服务企业与成果反哺教学的良性互动机制。最后,创建促进"专创"深度融合的产业学院。探索由企业主导设立和运营的职业教育产业学院,实施校企合作开发的"专创"一体化课程和现代学徒制人才培养模式,优化"双师结构团队""校企双创导师"队伍建设,促进教师和技师的双向流动,构建职业院校与产业集群有效联动的发展机制,确保学生毕业即就业或创业以及专业知识的企业转移。

五、制度与文化融合:夯实团队建设保障机制

职业教育教师教学创新团队建设既是制度化的过程,也是文化的形成过程。团队"工作运转和生命活力主要依靠团队制度和团队文化两大系统"。以效率为中心的制度和以人文为中心的文化互动融合是高水平、结构化教学创新团队整体生成的根本保障。为达成团队的组织目标和绩效承诺,必须依靠明确的组织机构、权责体系和规章制度,进行秩序化、程式化的管理。其中最重要的是建立有效的团队内部管理及运行机制。

首先,制定一系列旨在提升团队建设质量的内部制度规范,包括团队成员考核评价办法、团队成员成果奖励办法、团队交流常态化制度、团队成员动态调整制度等,明确团队成员的绩效承诺,如每位团队成员要完成"六个一工程":对接一家代表性企业、确定一个校企合作研究课题、产出一项高质量研究成果、制订一套体现先进理念的教学方案、开发一份典型教学案例和获得一项教学奖。其次,在资助经费使用上建立一定的特殊政策,给予创新团队较大的经费使用自主权。最后,在明确队伍建设、教学改革、科学研究投入等资金的使用比例后,通过充分授权,使团队成员在高质量完成工作的方式、进程等方面不受外界干预,形成一种内在的质量控制机制。

团队负责人要扛起团队文化建设的大旗，特别注重团队成员的"文化感知"和"情感体验"。首先，要带领团队成员把握各种发展机遇，开拓专业领域人才培养和科技研发的新方向，团队高效整合人力、物力和社会关系资源，并提高资源使用效率。其次，要形成目标管理和民主管理的管理文化，使团队目标认同度高，呈现出积极进取的团队氛围，使团队成员自我效能感得到较大提升，使团队具有强大的凝聚力和向心力。最后，学校要形成重视教学研究和横向项目的观念文化，实现"教改项目与科技项目同等对待""横向项目与纵向项目同等对待""教学成果与科技成果同等对待""教学名师与工艺大师同等对待""教学创新团队与科技创新团队同等对待"，让教师能潜心教学研究及团队建设。

第五节 打造技术服务平台

高职院校产教融合的重要载体是产业学院，这是一种深层次、立体化、全方位的校企合作办学模式，对现阶段职业教育教、科、研的提升具有积极意义，对解决企业的用工荒和在产、学、研方面出现的问题也是一条快速的通道。

一、存在的问题

由于企业性质不同、高职院校的专业设置等情况，在前期的产业学院建设中存在以下几个方面的问题。

（一）建设机制不健全

经过多方调研，以全国各高校陆续建成的产业学院为例，这些产业学院在前期的运作中虽然取得了不错成效，特别是在推行学徒制试点方面走在了职教改革的前列，但在产业学院统筹建设方面缺乏完善的建设体系，如指导性不强，可复制性不够，对学院的运行和考核评价力度不够，对后期学生的就业，特别是行业内就业拓展度不够，使产业学院过程控制未达到预期目标。

二、企校双方责任不明确

国家出台的建设方案中虽然明确指出了产业学院的建设以企业为主体，

合作的方式也有"订单式""合作式""融合式"等，实现了多样化，双方合作前也都明确了相关的职责和要求，规范了管理的内容，但往往在实际的运作中，出现学校管理过多、企业"少管"或者"脱管"的现象。企业一般是在院校建设前期进行一些资产或者资金的投入。学校开始招生后，学生三年的学习和生活都是在学校，学校的管理需要全过程，但这个过程与企业距离较远，并且企业没有专门的学生管理结构，易出现企业日常管理的缺失。

三、教育、培养目标不统一

企业和学校利益出发点不同，因此在对学生的教育培养过程中提出的要求不一致。高职院校在学生的培养过程中更注重提升学生的综合素质，重点考察毕业生的就业质量和数量，在社会范围内提升学校的美誉度知名度，以增加学校的影响力和带动力，在学校每年的招生工作、社会服务中学校整体的影响力，往往会解决学校的生源问题。学校按照原有的高校人才培养的模式制订学生的人才培养方案，在对学生在校期间的学习规划和教学管理以及课程学时不仅安排有思想政治类教学内容，还有公共基础理论课教学和体育教学等，但受制于高职教育三年制的制约，学生的时间和总课时有限，导致出现理论课程、课堂学习时间较多，现场实践、实际操作时间不够的情况。企业作为产业学院建设的主体，建立产教学院的目的就是想吸收高技能的毕业生进入企业工作，最好是直接针对企业自身的岗位培养需求的人员，这样企业会更欢迎。在此核心利益的驱使下，企业更多的是注重学生的实践操作能力的培养，要求学生对设备操作熟练、对设备性能熟知。

四、追求利益点不同

企业因为即效性特征导致其所追求的是产值利益的最大化。例如：对技术人才的需求可以在市场上寻找，或者高薪从别的企业挖掘；自己费时费力地去培养，既投入资金又投入时间，还不能完全保证人才的留存率。学校追求的是长效机制，对学生的培养更注重素养的培育。培育范围也是针对一个行业，虽然在校内也模拟了各种现场的场景，但总的还是学校模式，又因为缺少市场的再生资源，使得其教学内容不够先进。因此出现了企业参与度、积极性不高、高校"一头热"的现象。

二、产业学院的创新研究和建议

（一）加强校企合作

1. 加强校企双方的利益共通化，实现双赢

产业学院建设应当以高素质人才培养基地、区域产业研究基地、学生实习实训基地及高职院校创新创业基地为建设目标。在人才培养方面，产业学院应结合社会、企业需求的实际，对专业设置进行科学、灵活性修订，紧跟市场动态调整专业布局，围绕行业、产业、企业的需求建设课程体系，提高专业教学的实用性。企业利用自身资源为教学提供支持，和学校共同确认专业课程设置和实训教学内容，让学生在校内接触和学习的就是行业顶级技术、企业最新设备，实现出校门即上岗，从而提升学校教学质量。

2. 打造双方"命运共同体"

产业学院建设是多方行为，是"1＋1＞2"的存在。要想切实发挥好产业学院的作用，就必须要寻求到一条互利双赢的道路，做到"资源共享、优势互补、责任共担、互惠互赢"，不能只谈"情怀"，要将双方利益均衡化，共管、共建、共享，打造一个双方的"命运共同体"，以相互需求为基础实现长久合作。

3. 创新技术、革新服务，打造服务一条龙

企业在产业学院的建设中更多的是前期设备和资金的投入。如何取得更好、更多的收益，是企业关注的重点。在技能人才培养上，企业可以有计划地培养自己需求的员工；在用工岗位上，为企业不断注入新鲜血液，并减少企业用工成本。同样产业学院还可以利用企业技术资源和教师、学生组成混编的研发团队，对生产中出现的技术问题或者检修流程进行改革、创新，并将革新的成果在实践中验证，形成产品向社会推广，从而取得更好的收益，占领行业的技术高地。

（二）建设育人平台，拓展协同育人途径

1. 将校企合作提档升级

在原有校企合作的基础上，搭建政府层面、行业领先企业育人平台，采用多方参与的形式，组建行业产教融合联盟，共建产业学院。在育人、培训、技能竞赛、行业标准、科技研发、技能鉴定等方面，实现"资源共享、优势互补、责任共担、互惠互赢"的深度合作模式。

2．建特色产业学院

积极对接"世界 500 强"企业，以专业为依托，建成集人才培养、技术应用研发、创新孵化、标准研制、社会服务、招生就业于一体的特色产业学院。发挥校企协同育人的作用，共同培养具有强竞争力的高素质行业技术技能人才。

3．积极筹建本科专业

按现代职教体系的要求，加强与本科高校的沟通，积极申办专本分段培养、专本联合培养项目，搭建职业教育立交桥，提高学校的综合办学水平和社会服务能力。

（三）优化体制机制，提高融合成效

1．制订多个特色产业学院建设方案

突显专业特色，按照"适应市场、突出特色、打造品牌"的建设思路，制订符合自身特征的建设方案。

2．制定产业学院的建设和管理办法

以推进企业主体作用发挥为出发点和落脚点，分别从建设目标、内容、组织管理、运行规范等方面着手，鼓励"一专业一试点"，重点解决企业的积极性和主动性问题，最大限度地发挥企业在高素质技能人才培养中的主体地位，激发企业人力资源的活力。

3．构建产教融合评价考核体系

强化产教融合的过程管理，构建结果导向的校企合作工作考核机制，强化共编人才培养方案、合作教学科研和社会服务，共同开展技术攻关、联合开展社会培训工作的过程管理和成果认定，注重结果导向，提高校企合作成效。

4．落实保障机制

成立产教融合组织管理机构，以人才培养为目标，明确责任和义务，从资金设备投入、利益分配、监督管理等方面入手，落实动态运行管控，实现校企合作的健康、可持续发展。

（四）开放共享资源，实现校企互利双赢

1．共建高水平专业（群）

以产教融合的平台为依托，以教育链、人才链与产业链、创新链有

效衔接为目标，以立德树人为根本；多种途径，多方联合，共同打造高水平专业群，协同培养高素质复合型技术技能型人才，增强学校的社会服务能力。

2. 共同开发教学资源库

将生产和教育相结合，联合企业共同开发课程、共同编制教材、共同承担实践课程教学，以及协同开展教学考核等切实提高学生适应工作岗位的能力，为企业培养高技能应用型人才，为企业迅速发展提供技术支持和人才力量。

3. 共培共组师资团队

在教学过程中，将教学与实践相结合，组建有产业教授、技术能手、行业领军人物、教学名师领衔的师资团队，创建创新型、科研型等教学团队；合作双方互兼互聘，增强技术研发能力，合作传承各项技艺，促使项目成果进行有效转化。

4. 共育行业高技能人才

双方共同制定符合行业需求的人才培养方案和岗位标准，借助实训平台和基地，通过顶岗实习、暑期实践、技能竞赛等途径，提升学生的专业技术技能水平和综合职业素养，培养具有较强创新能力与实际操作能力的高技能人才。

5. 共建实验实训基地

学校要以多功能化为要求、场景真实化为目标，校企共投实验实训设施、设备，遵循"共建、共享、共管"的原则，建成校内外产教一体化实验实训基地或虚拟仿真实训基地，为学生的就业发展奠定基础，为企业员工的培训提供支持。

第六节　实施"岗课证赛"融合

近年来，随着我国产业结构的转型升级和数字化技术的快速发展，高技能人才的培养质量已不能有效满足产业发展的需求，人才结构性短缺已成为制约经济社会可持续发展的主要因素。增强职业教育适应性，培养造就一大批高素质、复合型、创新型高技能人才，不仅能够更好地服务产业升级，保障经济高质量发展，而且是新时期国家对职业教育的新要求。为此，国家出台了《国家职业教育改革实施方案》《关于深化产教融合的若干意见》《关于在院校实施"学历证书＋若干职业技能等级证书"制度试点方案》等一系列推动职业教育改革发展的政策，从国家层面对职业教育与区域社会产业经济发展进行了顶端设计与指导，并具体提出了产教融合的重要举措。2021 年 4 月，国务院副总理孙春兰在全国职业教育大会上指出，"要深化'岗课赛证'综合育人，提升教育质量"。然而，如何深化产教融合，推动"岗课赛证"融通育人模式的实施，还需要我们进一步的深究。它不仅是课程学习的标准、人才培养的根本出发点，也是专业设置的根本参照。"课"即课程体系，包括通识课程、专业课程等，不仅是教学改革的最终落脚点，也是人才培养的根本载体，是实现岗位需求、获得竞赛奖励和职业证书的根本基础；"赛"即各类技能竞赛，突出职业性和竞技性，是技能水平的示范和标杆，也是检验和拔高人才培养质量的一种方式；"证"即职业资格证书、职业技能等级证书，体现了行业新技术、新要求、新工艺，代表着岗位的职业技能等级要求，是岗位综合技能水平的凭证。"岗课赛证"融合育人即将职业岗位、育人课程、技能大赛和职业证书的相关过程、标准、资源等应然要素整合、有机连接和融合贯通，实现以岗定课、以课育人、以赛导课、以证验课，形成协同育人的一种新模式。"岗课赛证"融合育人模式是推动职业教育高质量发展、适应性发展、类型化发展的一种创新机制。

一、"岗课赛证"融合育人模式的价值作用

"岗课赛证"中的"岗"即职业岗位，由若干工作所组成，每项工作包含了若干技能、知识、素养等必然要求。"岗课赛证"融合育人模式关注产业岗位、行业标准、技能大赛、职业证书，注重产教对接，有效地推动了产业链、教育链、创新链的有机融合。这种育人模式不仅能够凸显产教融合的教育属性，也是深化产教融合的重要方式。

（一）"岗课赛证"融合育人是深化校企合作、产教融合的必然要求

推动校企合作、深化产教融合是国家推动职业教育高质量发展的主要手段和方法，也是职业教育的内在本质和核心特色。然而，目前职业教育与产业的发展需求不能协同，供给侧结构性矛盾突出。增强职业教育适应性、深化产教融合，是国家推动职业教育改革发展的必然要求。

（二）"岗课赛证"融合育人是推动职业教育发展的创新选项

2020 年 9 月，教育部、财政部、人力资源和社会保障部等九部门联合出台《职业教育提质培优行动计划（2020—2023 年）》，提出："要深化产教融合、完善多元共治的质量保证机制，推进职业教育高质量发展。"职业教育高质量发展需要创新驱动和创新赋能，而"岗课赛证"融合育人将产业链、创新链、人才链、教育链进行了有机融合，不仅整合了职业教育发展必需的应然要素，将助力职业教育发展的各要素加合成了一个全新的模式链和实践范式，而且形成了结构化的"四位一体"的综合育人机制，具有技能体系层次化、教学情境多样化、学习评价多元化的特色优势，是职业教育在高质量发展诉求背景下推出的一个创新选项。

二、"岗课赛证"融合育人主要模式

为推动育人质量的提升，当前国内部分高职院校已不同程度地开展了"岗课赛证"融通育人模式的实践，并取得了良好的育人效果。

（一）深圳职业技术学院的"课证融通"育人模式

深圳职业技术学院将人才培养与企业认证有效对接，与企业建立了紧密的合作关系，及时从企业获取行业用人需求，知悉企业岗位技能需求变化；将企业认证（证书）的有关理论知识和技能体系与学生认知规律和专业技能需求相结合，进行分解、重构，并将其融入专业课程体系中，再通过具体的分段、分层实施教学。这样做不仅实现了学生在校所学知识、技能与企业岗位需求的无缝对接，促进了人才培养质量的提升，而且通过对专业课程体系进行重构，将专业课程与企业认证紧密对接，实现了专业课程与企业认证协同发展、人才培养与企业需求精准对接。

（二）金华职业技术学院的"赛教"融合育人模式

金华职业技术学院有效地将人才培养与技能大赛系统衔接，通过对专业技能大赛项目进行分析，将技能大赛的技能知识点、技能标准和技能实施方法、评价模式等内容融入课程教学内容，重构课程项目，推动了"赛教"一体化教学模式的深入开展。技能竞赛不仅验证了人才培养质量、拔高了人才培养标准，而且有效地促进了人才培养质量的提升。

（三）山东职业学院的"赛证课"融合育人模式

山东职业学院有效地将专业课程与企业认证、技能大赛相衔接，与企业进行深度合作，共同制订人才培养方案、构建课程体系，不仅将最新的行业认证标准融入专业人才培养方案，而且对技能竞赛和创新创业大赛的有关新技术和新知识、企业认证有关的技能标准和考核要点等内容进行分析、整合，并将其融入得到课程标准和专业课程教学内容中，并实施双导师制，使校企资源得到共享，共同推动了人才培养方案的实施，实现了以赛促教、以证促学，有效地促进了人才培养质量的提升。

三、"岗课赛证"融合育人模式当前存在的困境

目前，虽然国内部分高职院校开展了"课证"融通、"赛教"融通、"赛证课"融通育人模式的探索，并取得了较好的成绩，但"岗课赛证"融合育人工作的开展并不均衡，尚未全面形成深度融合、互为补充、协同发展格局，并且"岗课赛证"融合育人还存在很多问题。

（一）"岗课赛证"主体间的融合难度高

由于"岗课赛证"四元主体的实施主体、面向的对象和实际的需求及其基本特征、价值导向的不一致，导致其标准、过程和评价维度也大不相同。其一，"岗课赛证"内部体系复杂，如企业岗位标准难以统一，大多数岗位标准是根据企业自身需求而制定的，其通用性和权威性的认可度有待提高；同时，技能竞赛质量参差不齐，受标准、硬件等条件的限制，也存在与新技术对接不够紧密、与岗位需求脱节现象。其二，教学要素多样化，教学实施难度大。由于职业教育生源的多样性，不同来源的主体学习诉求不同，以及职业技能岗位的技能层级化，构建更加灵活有效的教学实施方案迫在眉睫。"岗课融通"的融合育人模式注重对接岗位和生产过程，真实场景的模拟、多样化的教学场域和教学情境的构建，也使职业教育教学生态发生了变化，如何重新构建？值得我们考虑。"岗课赛证"融通的课程体系，融合贯通了岗位职业能力、技能大赛项目、职业证书，其内容的重构必然导致课程评价的主体、标准、方式都是多元的，如何进行评价，这个问题亟待我们去解决。

（二）"岗课赛证"融合育人的重心不明

随着数字化产业转型升级，岗位任务的多重性决定了职业能力培养的复合性，这也是当前人才培养与产业岗位脱节的主要原因。"岗""课""赛""证"之间并非简单的一一对应关系，而是一种群组交叉的对应关系，即

岗位群与专业群交叉对应多项技能竞赛和多张职业证书，所以，"课"与"岗""赛""证"的融通建设要基于专业群视角，整合各类教育资源构建课程体系，形成多元主体深度融合、协同发展的职业教育发展模式。这样不仅可以优化资源配置，避免课程内容的交叉重复，而且使专业技能人才培养的层次、结构、规模与社会发展需求相适应，从而提升办学质量效益。

（三）"岗课赛证"融合育人的路径不畅

"岗课赛证"融合育人中，"岗"是"课""赛""证"的逻辑起点，因"岗"而设，随"岗"而动，"岗课赛证"融合是深化产教融合的具体表现形式和实施方法。当前，企业与职业院校的合作基本处于表层现象，学校不能有效地把握企业岗位技能变化，高职院校人才培养方案中的专业课程不能立足现实岗位（群）工作任务要求而构建，不能形成"岗""课"联动的课程建设机制和持续改进的人才培养方案。在"岗课赛证"融合育人的实施过程中，校企资源不能有效对接，实践教学平台建设不到位，"岗""课""赛""证"自成体系，相互独立，不能有效发挥多元主体的综合育人效能。

（四）"岗课融通"的价值取向偏离

目前，在"岗课融通"融合育人模式的实施过程中，仅注重学校知名度的提升，而非育人质量的整体提升。如有些学校倾向"赛"，将含金量高、有影响力的技能竞赛获奖作为学校的主攻方向，在专业课程体系建设中针对性地增加技能竞赛的训练学时和比赛的"套路"解读，并抽调优秀师资力量就具体竞赛项目重点集训部分学生，以此来获得技能竞赛的优秀名次。有些学校注重"证"，在专业课程设置过程中围绕职业资格证书或相关专业证书展开，针对证书考试内容开展理论讲解和实践训练，"考什么学什么"，片面追求职业证书的通过率。这些方式虽然可以有效地提升学校知名度，小部分学生的综合职业能力也能够有效地获得提高、就业得以促进，但忽略了多数学生综合职业能力和素养的培养，有违职业教育发展目标，同时也忽略了"岗课赛证"融合育人的根本宗旨，将"岗""课""赛""证"相互融合变成片面融合。

四、"岗课赛证"融合育人路径构建设计

"岗课赛证"融合育人是职业教育产教融合的深度实施，也是在"知行合一、工学结合、职普融通"基础上形成的新型育人模式。"岗课赛证"

育人起始于"岗"、定位于"岗"，融"岗""赛""证"要素于"课"。这种"四位一体"育人模式的实施，不仅对当前的职业教育教学提出了更高的要求，倒逼职业教育教学改革创新，促进教材、教法、教师的系统性提质增效，而且对高技能人才培养质量提出了全面发展的要求。推动"岗课赛证"育人模式的实施，不仅需要提升教师技能水平，而且要学校构建良好的育人环境，形成学校协同推进的良好机制。

（一）建立完善保障机制，实现机制引领

"岗课赛证"融合育人模式的实施，需要学校建立完善的保障措施和育人环境。首先，学校层面要引"企"入校，深入开展校企合作，与企业建立互惠互利的良好合作关系，为实施"岗课赛证"融合育人模式建立良好的校企合作机制和育人环境，实现"岗课"对接，校企协同育人。其次，要完善管理，明确责任。二级学院（系）是实施"岗课赛证"融合育人的主体单位，学校要构建"院校统筹、部门协同、院系负责、全员参与"的多层次、全过程的协同育人机制。最后，学校要建立激励机制。"岗课赛证"融合育人的主力在于教师。在育人的实施过程中，教师的被动实施和主动所为产生的效力和效果是截然不同的。学校要建立鼓励机制调动教师的积极性，提升教师在"岗课赛证"融合育人中的主力作用。

（二）基于岗位能力需求重构课程体系

在"岗课赛证"融合的实施过程中，"课"是高职院校人才培养的基本单元，要结合专业方向，认真分析"岗""课""赛""证"四要素的共性特征和内在联系，以专业课程为载体，将"岗""赛""证"的技能标准、职业规范、业务素养、评价标准、育训模式等转化为学习者的整个培养过程，组成一个有机的知识和技能网络。首先，在课程体系的构建过程中要注重技能的复合型。由于当前社会对高技能人才的需求由技能单一型向技能复合型转变，在实际的人才培养方案制订过程中，不能简单理解为一门课程的"岗课赛证"融合，而要立足职业岗位群工作任务要求，构建专业课程组块。校企要在专业人才培养方案统一制订视角下集中分析岗位综合技能需求、职业资格标准、技能大赛标准，对接职业标准和工作过程，将其转化为人才培养实施方案的目标、要求和技能知识点，并融入专业课程体系。这样不仅可以避免校内外课程资源的重置和浪费，而且可以有效统筹资源利用，提升人才培养质量。其次，要基于职业能力成长规律重构课程体系，

厘清岗位技能需求和职业证书等级要求，认真分析不同技能等级阶段所对应的典型岗位、职位和职务，提炼职业知识与技能、能力和方法、职业素养等要求，并结合技能竞赛项目内容，结合学生认知规律和未来发展需求，由易到难、由浅入深将其融入课程体系。

（三）创新"岗课赛证"融合育人方式

在"岗课赛证"融合育人的实施过程中，学校要转变教学理念，创新育人方式。首先，强化师资队伍，吸纳校外企业工匠大师、行业专家、专家裁判、职教专家等人才资源组建名师工作室、工匠大师工作室等教师团队，优化教师队伍，提升师资力量，实施校内校外双导师模式进行课程教学。其次，优化教材资源，结合职业岗位，校企共建、共编融合"岗赛课证"知识要点，凸显新工艺、新技术、新标准的新型项目式、案例式的教材。最后，构建场景教学，要借助各方资源为学生提供模拟"岗课赛证"技能特征要求的场景教学，提升学生学习的积极性。

（四）"岗课赛证"融合教学模式的实践

"课证"相融有助于使学生及时了解行业和相关岗位发展的最新动态和前景，掌握岗位分析类专业的核心技能，以帮助学生可以更快地进入岗位角色，从而提高自己的技能，满足自身职业发展的需要。在教学实践中，任课教师要充分了解技能水平证书的考核要求，对课程教学资源进行整合与升级，使课程设置更接近技能考核的考核要求，并在课程与技能证书相结合的系统学习中，让学生更好地形成知识与技能的框架，有利于学生系统地掌握所学知识。教学过程中，开发项目化课程以及培训教学包，在充分发挥"互联网＋教育"的积极作用时，学生可以随时随地对其所学知识以及习得技能通过教学资源库中的相关知识及拓展板块进行巩固、强化，培养自身的职业技能和竞赛能力，为其后续参赛奠定基础。通过"互联网＋"建立师生互动交流平台，实时掌握学生的学习状况，实现主客体在同一平台上进行多种教学互动，及时掌握教与学的实时状况，打破以往单向教学模式。学生参加省级或全国学术技能竞赛并获得名次的，可以不参加考试，通过相关培训课程，学校根据其名次给予其相应的成绩。以职业技能水平认证为具体目标，以技能验证为主要教学主线，整合职业技能竞赛规则、知识和能力要求，优化实施教学。引入典型案例，采用任务驱动、行动导向的教学模式和灵活多样的教学方法，采用文献与证书相结合的教材，整合课堂教学的教学目标、过程、方法和多元化考核，探索建立以证代考、以赛代考的评价机制。在"互联网＋"的理念下，以技能为导向，技能竞赛为引领，将技能竞赛和技能、能力等创新元素应用到财经类专业课程教学过程中，实现课程与企业岗位无缝衔接。以学生为主体，以教师为主导，进行相关专业课程、技能水平的训练、竞赛，充分利用"互联网＋"平台进行创新，注重培养学生的实践创新思维能力和信息分析处理能力，并通过岗位实践培养学生创新业务实践能力，有利于提高课堂教学效率，更好地培养学生的创新精神、实践能力和服务能力。

（五）建立多维评价体系

实现"以评促改"，推动"岗课赛证"融合育人，深入开展构建完善的评价机制，也是推动"岗课赛证"融合育人的重要手段和方法，不仅能够把握人才培养质量，而且可以及时纠正"岗课赛证"在融合育人过程中存在的问题，以建立长效的反馈与改进机制。学校可邀请代表"岗课赛证"各方主体的企业工匠大师、学校职业教育教学专家、技能大赛评审专家和职业技能证书评审专家，组建"岗课赛证"融合育人评价委员会，构建课程实施前、中、后全过程评价机制。在课程实施前，围绕专业人才培养目标，对课程内容、方案、标准、结构、方法、资源等进行多主体评价，及时了解课程安排、课程体系是否合理、科学；在课程实施过程中，围绕教学内容、教学方法、教学手段、阶段性教学效果、教学评价方式进行过程评价，通过专家评价、学生自评和互评、教师评价，及时掌握"岗课赛证"育人实施情况；在课程实施后，对课程结课形式和标准进行多样化评价，及时了解人才培养是否达到育人效果，是否符合产业行业的发展需求。

"岗课赛证"融合育人模式是培养适应社会发展需求的高技能复合型人才的重要途径，也是高职院校提升自身内涵质量建设、增强服务社会能力的一个浅层的探讨和实践。

第六章 产业学院的保障机制

第一节 组织机制

一、校企合作组织机制的必要性

　　校企合作就是将职业院校与用人单位之间的资源进行交互，将企业的运营机制和岗位需求与职业院校的人才培养体系及人才培养目标相结合，通过协调、互动和分享等长期合作模式，达到高校人才培养成果与用人单位的人才需求无缝对接的目的。通过问卷、现场交流等方式调研国内 36 家企业和 12 家高职院校，目前大多数的职业院校校企合作的形式仅仅停留在企业接收在校实习生的形式上，职业院校的学生到岗参加实践存在较多的"痛点"。例如，学生无法给企业创造收益，企业却花费较大的人力、物力并承担较高的风险对实习生进行培训，因为没有相关的国家政策给予支持，所以企业愿意给实习生支付的劳动报酬一直处于较低水平。较低的劳动报酬不能满足学生的消费需求，因此他们从刚开始实习就会面临诸多挑战，学生在校培训技能与企业岗位需求不能无缝对接，所以就会出现职业院校每年培养了大量一线技术型人才，而在人才市场中技术型人才仍面临严重紧缺等现象。校企合作如何深入开展，如何真正实现"校企共赢"是诸多院校一直在探索的话题。笔者认为，校企合作的运作必须具备一定的保障机制。只有具备完善的校企合作运作保障机制，才能打破传统的合作模式，校企合作才能长久、深入、共赢。

二、职业院校目前校企合作保障机制现状分析

（一）校企合作缺乏法律保障

　　《中华人民共和国职业教育法》（以下简称《职业教育法》）虽然概括性说明了校企双方的义务，但缺乏实践性和可参考性。所以，在大力发展职业教育的同时，国家应完善相关的《职业教育法》相关条例，明确并约束企业、行业、学校等相关责任与义务，校企合作才能做到有法可依。在

这种情况下，职业教育的发展会更加规范，发展质量也会得到提升。

（二）校企合作缺乏运作机制保障

校企合作过程，企业从人才需求和培养的角度出发，愿意接受"工学交替"的部分实习生，但是培养过程中在一定程度上会影响企业的生产效率，增加企业的生产成本。同时企业对人才的培养还需要承担一定的风险，如果企业培养的技术人员刚能为企业创造效益就选择另谋高就，企业就要面临人才流失，高风险、高成本的投入得到的回报甚微。

（三）培养质量需督导，企业需政策支撑

职业院校培养的技术型人才是否可以满足企业的用人需求，目前仍需要行业与政府的督导。一方面，培养的学员依旧是传统的单一性的考核评价体系，企业参与课程标准的制定无关联，教学质量与用人需求无法融合，校企合作没有资金支持与运维；另一方面，企业在投入大量人力、物力、财力的同时，政府却没有相对应的优惠政策及奖励制度给予支撑，因而校企合作仅仅停留在企业简单接收几个实习生的浅层面上。

三、人工智能产业学院有效运作保障机制的设计

咸阳职业技术学院与南京第五十五所技术发展有限公司共建产业学院，为保障该产业学院能够更好地运作，特进行了如下设计：

产业学院提供校内教学场地、专业师资队伍，并配套实习实训环境和学生管理相关配套资源；双方将投入充足的专业技术人员、管理人员、品牌技术资源、教学设备实习和就业资源相关配套资源，并对产业学院进行规划设计与运营管理。产业学院同时共同邀请人工智能行业协会为其人才培养质量与企业的实践过程进行监督，并向政府相关单位申请相关的税务优惠政策，实现"校政企"共赢，为社会绿色健康稳定繁荣发展添砖加瓦。

第二节　运行机制

一、校企利益平衡机制

利益平衡是职业教育产教融合、校企合作的动力源泉，也是高职混合所有制产业学院建设和发展的必要条件。一方面，要建立合理的利益分配

机制。所谓合理的利益分配机制，是基于合作双方义务履行与权益获取之间的对等关系，来确定双方利益分配的规则和比例，并将此分配规则和比例制度化。在高职混合所有制产业学院运行的过程中，高职院校和行业企业之间的利益既有共同点，也有矛盾点。校企利益平衡机制的构建重点是把握好"放大共同点，减少矛盾点"的原则。在具体措施上，高职院校和行业企业一是要坚决实施规范化管理。在混合所有制产业学院创建之前，校企双方就应充分考虑合作办学中可能产生的收益和风险，依据双方需承担的责任和履行的义务，来确立利益分配和风险分担的方案，形成联合办学的合同条款，作为后续进行利益分配的依据。二是要根据混合所有制产业学院的实际运行情况以及所取得的成效，进行阶段性的利益分配动态化调整，以弥补合同条款约定的不足，最大限度地满足校企双方的共同利益。

另一方面，要建立有效的企业利益补偿机制。职业教育是高成本教育。高职院校与行业企业联合举办混合所有制产业学院，企业投入的资金资源成本较高，而在产业学院运行初期，企业能获得的经济价值则相对有限，需要政府和社会共同构建起校企合作中的企业利益补偿机制。《试点建设培育国家产教融合型企业工作方案》明确提出"对于参与举办职业教育的企业以及产教融合型企业，要给予'金融+财政+土地+信用'的组合式激励"，各级地方政府应贯彻落实国家的相关政策要求，强化监督和管理，保障对企业的相关优惠政策能有效落地。同时，高职院校和社会应当给予参与举办职业教育的企业更多的理解和支持，如高职院校要着力强化自身的科研实力和专业服务能力，为企业创造更大和更直接的价值；社会各界应加快形成支持行业企业参与举办职业教育的共识和文化氛围。

二、资源的共建共享机制

资源的共建共享是实现高职混合所有制产业学院办学目标的重要途径，高职院校与行业企业要联合构建资源的共建共享机制，主要涉及以下三个方面。首先，构建校企教学资源的共建共享机制。高职院校要积极进行开放式教学资源建设和管理方式改革，创建教学资源校企联合建设与管理工作机制，由在校专家与企业高级技术人员共同成立教学资源建设委员会，共同规划产业学院的专业布局、课程设置、教材编写、培训资料等教学资源的建设工作。另外，校企双方还可以依托信息化建设，搭建专业教学网络资源库和线上学习平台，联合开发模块化课程讲义、试题库、课件、教学培训视频等数字化教学资源，依靠信息技术实现教学资源的跨时空共建共享。其次，构建校企实训基地的共建共享机制。在校企共同投资的基础上，要实现产业学院实训基地的共建共享目标，最佳的途径就是建立生产性实训基地。在生产性实训基地建设前期，学校和企业就应综合考虑，注重实训基地生产环境的真实性、实践教学项目的真实性和产品生产的真实性，集实训功能和生产功能于一体，使实训基地的应用和运行能够产生真实的经济价值。在生产性实训基地的运作上，要遵循市场机制，满足市场化运营模式的要求，促进形成稳定的生产计划和合理的用工需求，建立规范的人员管理制度和质量保障机制，促使实训基地的生产运营适应市场化竞争。最后，构建科研资源的共建共享机制。校企双方基于混合所有制产业学院构建科研资源的共建共享机制，核心在于共建科研队伍和科研项目联合开发工作机制。一方面，高职院校应选择学科带头人、专家学者与企业技术专家共同组建科研工作联合领导小组，明确产业学院重大科研攻关的课题和方向，并协调组织科研工作队伍；另一方面，科研工作联合领导小组应建立校企科研项目联合开发工作机制，由企业提出科研需求并提供部分科研资源、技术资源，由高职院校进行理论研究、技术论证，交由实验室或实训基地进行实操检验，形成科研项目从开发、立项到实施、验证的完整闭环操作。

三、校企"双元"育人机制

长期以来，我国职业教育领域的现代学徒制推进较为缓慢，其中重要的原因就是在现代学徒制模式下职业院校学生的身份界定存在逻辑上的矛盾。由于无法将在校期间的学生界定为企业职工，使得学生在进入企业实训时的合法权益难以得到有效维护。混合所有制产业学院的出现，在一定意义上消解了学生在现代学徒制模式下身份界定上的逻辑矛盾，即在混合所有制产业学院的办学模式下，企业成为产业学院的直接创办主体，产业学院自建立之初就具备了人才定向培养的特征，产业学院的学生在很大程度上就是作为企业准员工的身份接受教育，消解了学生在身份界定上的逻辑矛盾，为深入实施现代学徒制扫清了障碍。在此前提下，高职混合所有制产业学院要严格依据《教育部办公厅关于全面推进现代学徒制工作的通知》中的要求，贯彻落实文件中的重点工作，形成以现代学徒制为核心的校企"双元"育人机制。同时，"科学管理是实现校企'双元'育人目标的重要保证"。高职院校与行业企业基于混合所有制产业学院，构建校企"双元"育人管理体系，高度重视运用科学的管理手段，结合产业学院人才培养的特点和需求,制订并逐步完善管理计划,依法依规实施科学化管理。高职院校和企业要联合制订科学的人才培养方案,从企业的生产过程出发,明确人才培养的定位和规格,严格依照专业对应的岗位技能要求改革教学内容、教学模式、教学方法、教学评价等,依据企业在生产过程中带来的新技术、新理念和发展趋势等,及时调整育人策略。教育行政部门、高职院校要加强学生入企实训时的监督,定期检查、随机抽查学生入企实训的工作、学习和生活状况,注重收集和听取学生入企实训的信息反馈,加强学生的实践学习过程管理,同时维护学生入企实训时的合法权益。

四、明确权责范围,实施简政放权

通过明确产业学院各相关利益方的权责范围,实施以下放人、财、事权为重点的管理制度改革。产业学院运行机制改革具有自上而下的特点,主要是由学校决策设计、规划和推行的系列管理制度变革。该机制改革的核心是简政放权,在加强学校管理的同时,下放一定的权力,扩大产业学院的办学自主权。主办学校在国家公办院校政策许可的范围内,对产业学院实施简政放权,下放公办学校政策允许的科学、规范、合规合理的权力,建立权责明确、规范有序、运转高效的产业学院运行机制,进一步提高产业学院运行管理的针对性和实效性,使其治理能力水平得到稳步提升。对产业学院实施简政放权就是分清主办学校与产业学院间在机构设置、党务管理、人事和财务管理、教学管理、科研管理、学生管理等工作中校院两级的职权与责任,理顺与学校相关职能机构的工作协调机制,减少和避免因管理不完善出现的"错位""缺位""越位"现象,促进产业学院各项工作顺利实施。

学校面向产业学院简政放权,可下放的权力类型涵盖以下六个方面。

第一,组织结构设置和人员聘用考核方面的权力。包括产业学院发展规划,内部管理组织结构设立,专业建设规划、目标和任务,教学科研岗位和管理岗位的设置,专业带头人、教学团队、创新团队建设,兼职教师的聘任与考核,教职工考核等。

第二,教学科研方面的权力。包括教育教学和科学研究两类。教育教学包括人才培养方案和教学计划的制订、教学计划的执行和管理、教学场所建设和管理、课程建设、教材建设、实训室建设、实训计划与执行、毕业综合实训和顶岗实习的计划与执行、任课教师安排和调整、教学工作考核和工作量计算、学生竞赛的组织和安排等。科学研究包括科研平台建设、科研合作、成果转化、社会服务的组织管理、科研项目组织和申报、科研团队建设等。

第三，招生就业创业方面的权力。包括招生就业创业的指导类权力和服务类权力等。

第四，学生管理方面的权力。包括学生的日常思想政治教育、日常管理、企业奖学金的评定、学生荣誉称号的评选推荐等。

第五，继续教育工作方面的权力。包括与校外机构合作办学、学历继续教育、社会培训、职业技能考证的组织与实施等。

第六，综合管理方面的权力。包括经费预算与使用计划、经费分配方案制订、经费统筹安排与包干使用、专项经费申报、科研经费管理、资产配置和购置、资产管理与使用等。

五、坚持依法治理，形成制度体系

（一）坚持将依法治理作为深化改革的基本遵循

产业学院运行机制改革需坚持依法治理的原则。产业学院的参建单位多元化，以章程为契约，各方依协议履行出资义务。由于参与合作的政府部门、行业协会、企业数量增长迅速，合作内容十分广泛；而合作各方之间签署的协议往往并不完美，合作方之间关系、不断发展和变化，因此必须坚持依法治理的原则，建立健全各类管理制度，明确责权关系，增加运行的透明度，消除各项纠纷，减少合作中存在的机会主义。

（二）建立健全管理制度，形成系统完备的制度体系

产业学院需在学校原有规章制度的基础上进行运行机制改革，创新校企协同育人机制，建立健全产业学院的纪检监察、人事、财务、采购、基建、资产、科研管理和审计等方面的规章制度和管理办法。产业学院要服务区域产业，离不开完善的运行管理制度。由于产业学院是多方合作的利益群体，仅按照高校原有运行机制，校企合作范围将受到极大制约。为了增进各方进一步合作的意愿，亟须深化政校行企协同合作，探索一种更深层次、递进式发展的校企合作有效管理模式和制度。产业学院运行管理制度的制定要求更加细致，要有一定的前瞻性，要贴近管理实际。为进一步健全易于理解与操作的产业学院的各项规章管理制度，可从以下 10 个重点领域和关键环节开展。

1. 改革产业学院运行的人才引进与管理办法

主办学校应给产业学院更多的人才引进自主权，完善其人才引进机制；产业学院要根据发展目标合理制订用人计划，以目标定岗位。

2. 改革产业学院运行的岗位设置与人员聘用实施方案

推进产业学院师资队伍分类管理，激发现有教师的工作积极性，依据教师个性化发展倾向，设置教学型、教学研究型、社会服务型 3 类不同的职务系列，明确各类教师的考核要求和评价标准，发挥每一位教师的专长和优势。将教职员工的聘任、考核、分配等权力交给产业学院，提升产业学院的自我调控能力。

3. 改革产业学院运行的绩效奖励分配办法

建立健全产业学院教职员工绩效考核与分配制度，制定并实施以业绩贡献为基础、以目标管理和绩效考核为重点的绩效工资制度，加大绩效奖励力度，将教职员工的工资收入与岗位职责、工作业绩、实际贡献等直接挂钩，将课程建设、实训室建设、工作室建设、教学研究、科学技术研发与社会服务等纳入教师工作量，建立可持续的薪酬福利增长机制。

4. 改革产业学院的财务收支审计办法

深化财务管理制度改革，制定针对产业学院的财务收支审计办法，明确学校划拨经费、产业学院联合办学出资方经费、经营业务收入等管理制度，规范产业学院开支审批权限及流程，有利于学校定期对其进行财务效益评估。

5. 改革产业学院运行的继续教育项目经费管理办法

加强用于产业学院开办的各种层次（高中起点专科、高中起点本科、专科起点本科、研究生）、各种形式（函授、业余、自学考试、现代远程教育等）的成人学历教育项目和职业技能培训、鉴定考试等非学历教育项目的经费管理，规范产业学院继续教育项目，做好各项经费的管理工作。

6. 改革产业学院运行的固定资产管理办法

深化产业学院的资产管理改革，制定针对产业学院的固定资产管理制度和办法，有效发挥产业学院理事会在办学指导、过程监控、绩效考核、质量跟踪等方面的职能，加强固定资产管理，促进固定资产规范化管理，提高固定资产使用效益。

7. 改革产业学院运行的教师教学质量考核管理办法

根据产业学院的办学特色，制定产业学院教师教学质量考核管理办法，加强教学质量管理，准确评价教师的教学质量，提高广大教师的教学质量意识，不断提高教师的教学水平，规范教学文件，制定科学合理的教学标准、课程标准，以适应生产与教学高度衔接的教师教学质量考核管理机制。

8. 改革产业学院运行的实验实训室安全建设与管理办法

依据国家有关法律法规和业务规范，根据产业学院的教学模式，制定产业学院实训室建设与管理办法，加强实验实训室安全建设，规范实验实训室管理，防范安全事故发生，保护师生员工的人身安全和财产安全，保证产业学院实践教学和科研活动的正常开展。

9. 改革产业学院运行的教师工作室管理办法

根据产业学院运行的社会服务需要，制定产业学院运行的教师工作室管理办法，发挥教师工作室育人与服务功能，激发教师改革创新活力，推进教育教学改革，全面提升教育服务能力和水平。

10. 改革产业学院运行的继续教育管理办法

依据国家有关教育的法律和政策规定，根据产业学院的发展需要，制定产业学院运行的继续教育管理办法，充分发挥产业学院服务社会的作用，进一步规范继续教育管理，理顺内部分配关系，调动各方积极性，培养经济社会发展急需的人才。通过健全产业学院运行管理组织结构和相关系列制度，使产业学院组织结构不合理、管理效率不高、运行机制不顺畅等一系列问题得到解决，从机制体制上为产业学院发展提供强大动力。

第三节　评价机制

科学有效的评价体系是促进产业学院更好更快发展、提升人才培养质量和建设效益的重要举措。通过建立竞争机制和激励机制，有助于产业学院及时开展自我总结和持续改进。产业学院的评价应坚持过程性评价和终结性评价相结合，坚持以评促"建"、评"建"结合和"重"在建设相结合，坚持定性考核与定量考核相结合，坚持总结经验和查找问题相结合，坚持学院自评与学校评估相结合。考核评估侧重产业学院教育教学模式的创新性和实践性，重点对创新绩效、成果转化、人才培养、服务业绩以及开放共享程度等进行考核评估。产业学院的评价体系主要包括规划与定位、组织架构与办学条件、教学运行与管理、校企合作、建设绩效 5 个方面，包括 19 个具体的二级指标。

一、在规划与定位方面

产业学院应开展充分的需求分析，体现所对接或服务的产业发展需求，调研工作应细致、深入、全面；建设规划内容应详尽、科学，与二级教学单位自身办学优势与特色有较高的匹配度。产业学院应符合其所在学校的办学定位，合理地制定人才培养目标，人才培养与社会需求应相互契合。

二、在组织架构与办学条件方面

隶属于产业学院的教师队伍结构、数量要合理，能够适应教学、科研、社会服务等业务需求，专任教师具有工程实践背景的比例大于等于 80%，来自企业（行业）教师数量要合理，占教师总数的三分之一以上，且实质性地参与人才的培养工作。产业学院应成立理事会等专门治理组织，有规范的治理运行机制，结构完善，职责清晰，分工明确；有高水平的教学指导委员会，来自企业（行业）的校外委员要在产业学院建设中发挥积极作用。此外，场地、资金、物资、人才与政策等校内投入要能满足办学需要，有明确的企业或合作方条件支持的方案，要能够不断改善提升办学条件。

三、在教学运行与管理方面

产业学院应制订一套科学、规范、可行的人才培养方案，方案要富有特色，论据充分。课程体系要能够根据产业发展需求动态做出调整。企业（行业）专家要在课程开发中发挥积极作用。课程设置要符合人才培养目标定位，执行严格。有符合产业学院专业特点的教材建设及选用制度，特别是利用自身学科专业优势，与合作单位共同开发符合人才培养目标的特色化、高水平新教材。产业学院要重视自身制度建设，对教学重要环节（毕业设计、考试考核、学业评价等）有具体制度或实施办法。教学质量的组织机构和制度要健全。教学质量监控系统要有效运行。教学督导组在质量管理中要发挥积极作用，实现对教学过程的全程监督；教师教学质量评价、毕业生调查等质量工作组织要有力、成效好。

四、在校企合作方面

产业学院应具有内容规范、严谨、全面的校企合作方案，方案要科学合理，互惠共赢。牵头的二级教学单位要以相关学科专业为依托，相关学科专业办学水平要高，富有特色。校外合作对象应为国内外具有强大实力和良好社会责任感的龙头企业。同时，产业学院应具有高度开放共享的管理体制，问题导向明确，以产业需求为主导，合作双方在教学、科研、社会服务等方面优质资源共享程度要高。校外合作单位应每年实质性承担实践教学任务，在学生实习、学生就业、教师研修、企业师资聘用、产学研合作等领域均要有实质性合作成果。

五、在建设绩效方面

产业学院应制定一系列激励科技成果转化的制度，要有具有代表性的成果转化及应用案例，服务产业成效要显著，有高质量的共享型协同育人实践平台，使毕业生薪资水平和满意度高。

第七章　咸阳职业技术学院产业学院的建设成果展示

第一节　"工匠工坊"建设

2020 年 10 月，中共中央、国务院印发《深化新时代教育评价改革总体方案》指出，要积极探索中国特色、符合中国实际的高层次学徒制，是对目前现代学徒制和企业新型学徒制的提炼和概括，扬弃和超越。

"工匠工坊"式人才培养模式就是在特色工坊（具有特定设备，从事具有较强技术要求的研发、生产场所）对学生开展"训、习、赛、研、创"一体化培养，既培养学生精湛的技艺和创新精神，又培养学生专注的个性和追求完美的品质，是具有鲜明特色的工学结合人才培养模式。它一方面是为培养行业领域内高端技术技能型人才而设置，另一方面是作为校企合作进行工程项目联合研发、创新项目联合开发的支撑平台和办公场所。它一方面培养对口行业企业需求的工程技术型人才，另一方面开展校内产业性经营实体，促进地方经济发展，形成工学结合、产学对接、产教融合的办学模式。

一、基本情况

为全面贯彻党的十九大、二十大精神，认真贯彻落实《关于深化产教融合的若干意见》《国家职业教育改革实施方案》的要求，咸阳职业技术学院于 2020 年 8 月与南京第五十五所技术开发有限公司等企业联合开展"工匠工坊"人才培养合作，充分发挥校企双方的优势共建"工匠工坊"，创新新一代信息技术人才培养模式。

咸阳职业技术学院"工匠工坊"主要面向信息技术行业、陕西区域经济建设、全国信息产业，校企共同遴选、共同培育、共同认定，能够传承工匠精神、精修技术技能、勇于创新创业、发挥示范作用，能适应新技术、新产业、新业态、新模式，培养具有"匠气·匠心·匠技"的优秀职业学院校学生。经过近 3 年的校企联动，咸阳职业技术学院在教学理念、师资配置、培养目标、课程设置、教师培训、实训基地建设、联合招生等方面取得了很大的进步，形成了一定的规模。

二、具体做法

咸阳职业技术学院目前有云计算综合运维"工匠工坊"、微信小程序应用开发"工匠工坊"、企业 SaaS 云应用与开发"工匠工坊"、大数据分析及应用"工匠工坊" 4 个。通过企业技术骨干引入、项目式课程资源建设、真实商业项目引入、校企科研合作等方式，由企业工程师、教师和学生共同组成"工匠工坊"团队，共同完成企业技术服务创新，参与对外行业横向项目的研发，积累了项目经验，提升了教师职业技能、科研能力和社会服务能力，提高了学生专业技术技能水平。

（一）结合区域优势，更新教学理念

针对高职院校人才培养规格不能完全满足新一代信息技术产业新职业新岗位人才需求的问题，结合咸阳职业技术学院"双高"建设工作，在计算机应用技术国家骨干专业 4 个国家和省级建设项目的支持下，"工匠工坊"对接云计算、大数据、人工智能等工程技术人员核心岗位需求，实现了岗课"赛""证"融通，通过"学""训""研""创"一体化，"政行企校"协同培养"精操作、擅运维、善编程、会开发、能创新"的高素质技术技能人才。

（二）取长补短，优化人才培养方案

"工匠工坊"总结了现代学徒制和企业新型学徒制优势，按照现代学徒制人才培养模式，将企业真实工作场景、真实工程案例、真实工作过程、真实商业项目引入了"工坊"，营造了"全真"的生产环境，通过"学""训""研""创"一体化，培养"精操作、擅运维、善编程、会开发、能创新"的高职新一代信息技术人才，实现了专业设置与产业需求对接，以满足无缝对接企业的需求。

（三）"岗课赛证"融通，重构课程体系

"工匠工坊"按照"岗课赛证"融通的思路，将云计算、大数据等工程技术人员岗位职业标准、信息安全管理与评估等大赛标准、云计算平台运维与开发等职业技能等级标准融入课程标准；将企业真实项目转化为教学项目，重构了"贯标对岗、双赛融入、课证融通"的课程体系。在课程内容上，融入了真实商业项目案例、真实商业项目任务进课程内容；以完成真实项目开发过程完成教学过程，采用"教""学""做"一体化的模块化教学，使得学生的专业技术通过各个模块得到阶段性训练，将整个教学过程与生产过程对接，达到理论与实践紧密结合。

（四）校企"双元"育人，打造专而精的教学团队

咸阳职业技术学院坚持"内培养、外引进"的教育理念，最大限度地发挥高职院校和优秀一线企业各自的优势。校企双方以建立工坊基地为模式，从企业引进技术骨干作为兼职教师，承担专业实训实践性课程，同时对高职院校的在职教师进行"双师型"培训，实现高职院校"双师型"教师专业技能的不断发展，促进了师资培养模式的发展。在教学过程中采用校企"双元"育人，为工坊学生构建"教师＋工程师"双导师；学生则以"学徒＋学生"的身份，遵守生产规范，完成工作模块，从而完成对应的教学模块，提升了自己的实践与创新能力。学院通过教师技能比试为每个工坊选拔优秀教师担任工坊内专职教师，从事工坊的教学及管理工作；同时从企业引进技术骨干工程师作为兼职教师，指导工坊学生完成与生产、教学、科研等相关的工作任务。

（五）共建"工匠工坊"，提升实验实训条件

咸阳职业技术学院根据需要，与企业共同建设了"云计算综合运维工匠工坊""微信小程序应用开发工匠工坊""企业 SaaS 云应用与开发工匠工坊""大数据分析及应用工匠工坊"等，在工坊中引入了真实项目，融入了合作企业文化，营造了全真生产环境，通过"学""训""研""创"一体化，培养了"精操作、擅运维、善编程、会开发、能创新"的高职新一代信息技术人才。

（六）校企合作，开发课程资源

校企组建课程资源开发团队，研发符合咸阳职业技术学院学情的相关云计算、大数据、人工智能等领域课程资源。主要包括视频、电子课件、实训手册、演示文稿、习题试卷、软件工具包等完整的教学资源。另外，资源内容完整，涉及专业技术全面，应用效果好，也有助于提高学生的学习兴趣，改善教学效果。

（七）深化校企合作，拓展就业渠道

校企双方利用各自优势，在云计算、物联网、大数据、人工智能领域行业的资源优势，为毕业学生提供专业对口的实习和就业岗位。

（八）建立学分置换政策，激发学生的学习兴趣

"职教 20 条"的提出，加快推进了职业教育国家学分银行建设，探索

建立了职业教育个人学习账号，实现了学习成果可追溯、可查询、可转换，从而促进了学历证书与职业技能等级证书互通，助力我国职业教育现代化。同时为增强学生自主学习的选择性，鼓励学生结合自己的兴趣、爱好，积极参加项目实践，帮助他们更好地提升个人的职业素养，提高自己就业的竞争力。学生在基地所学课程及项目研发等均可置换学分，具体学分置换政策根据学校政策实施。

企业为每个工坊引入了项目式教学计划，包括提供项目实战案例、真实项目开发任务以及职业素养培训课程。工坊项目式教学案例，采用学生单一账户管理自己的课时和学分制，支持和院校教务系统对接学分，做到与国家学分银行的管理要求保持一致。

三、"工匠工坊"运营计划

（一）运营流程

"工匠工坊"其具体运营流程，如图 7-1 所示。

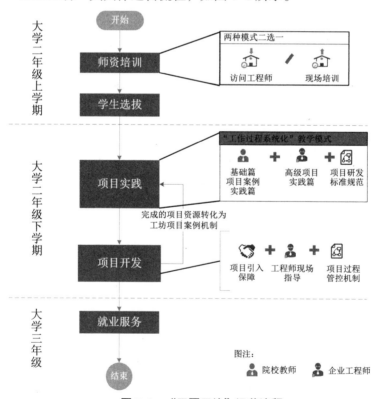

图 7-1 "工匠工坊"运营流程

工坊内项目式教学工作由院校教师和企业工程师共同完成。院校教师主要负责工坊前期基础知识教学、理论部分的教学工作；企业工程师主要负责项目开发过程中的技能指导、项目技术攻克、质量控制等工作。此外，工坊对外承接项目，在项目实践完成后进入项目开发阶段。企业工程师、院校教师带领学生成功完成项目开发后，企业可以为教师和学生发放项目奖金。

（二）选拔方式

"工匠工坊"采用"项目任务驱动制"的人才培养模式，遵循"学生自愿、择优录取"原则，侧重创新意识和实践动手能力的考核，兼顾考查学生的综合素质和发展潜力。每年根据大学一年级、大学二年级上学期内学生的能力及表现，在大学二年级上学期末筛选出优秀学生。评选方式分为笔试和面试。总成绩占比为：笔试成绩 60%，面试成绩 40%。笔试题目由企业和学校共同编写。面试考官由学校自行负责。按总分由高到低排序，选取优秀学生。每个工坊学生选拔人数 10 人，一般不超过 20 人。

学生在大学二年级下学期或大学三年级上学期进入"工坊"，按照"学徒（准职工）＋学生"的身份，边工作边学习，从而提升实践创新及对口就业技术能力。支持进入工坊的学生进行学分置换，帮助他完成相应的工作模块（学习任务）获得相应的学分。

（三）建设成效

"工匠工坊"人才培养模式按照运营目标成功地为合作院校教师"赋能"，从而打造了高水平"双师型"师资团队；通过"三教改革"提高了人才培养质量，形成了对接产业、产学结合、工学结合的科研创新平台，实现了学生高质量就业。"工匠工坊"在合作院校基础上形成了标准化运营体系，总结经验形成了可复制、可推广的创新人才培养模式。

1. 项目式人才培养模式创新，激发学校的办学活力和学生的学习热情

"工匠工坊"以"工作过程系统化"为基本理念，进行职业教育课程改革，教学过程中融入了行业真实项目的案例及项目实战，以项目实现过程一步步完成学生的学习任务。此模式能够深化院校办学体制机制的改革，激发学校办学活力，服务区域经济发展；同时能够激发学生学习的兴趣，培养学生的综合职业能力，适应社会发展。运营成熟的工坊也可吸纳优秀毕业生就业工作，有效拓宽了毕业生就业渠道，提高了毕业生就业质量。

3 年来，"工匠工坊"学生参加职业院校技能大赛云计算赛项荣获国家级比赛二等奖 1 项，省赛一等奖 1 项、二等奖 1 项；参加金砖国家职业技能大赛云计算赛项荣获国际铜奖 1 枚，国家级比赛一等奖 1 项，区域比赛一等奖 1 项。获奖数量和等级省内同类专业领先。在中国国际"互联网＋"创新创业大赛中获奖 7 项，其中国赛银奖 2 项、省赛金奖 3 项、铜奖 1 项。

2. 产、学、研深度融合，提升了高校社会服务能力

咸阳职业技术学院通过校企共建校内"工匠工坊"，打造工学结合、产学合一的创新教育模式。工坊以具体项目为载体，以工作任务为驱动，将理论与实践有机地结合，使学生在完成任务的过程中掌握知识和技能。同时工坊也充分发挥院校人才和学科优势，作为学院内项目孵化器，积极开办专业产业，将产业与教学密切结合，促进了院校主动融入和服务地方经济的建设。

通过校企共同打造可面向社会提供服务的"工匠工坊"，可形成对接产业、产学结合、工学结合的工作平台，实现集教科研一体、创新应用开发、产品运营、创新推广等社会公共服务应用，强化了高校社会服务的能力。

（四）特色创新

1. 探索人才培养新途径，形成较为成熟的运营管理机制

"工匠工坊"以企业化管理、市场化运作为指导，构建了一套完整规范、科学合理的保障机制，内容覆盖各项管理规章制度、安全操作规程、实训质量保障体系、师资培训制度、资源社会共享运作机制等。根据经济发展和高等职业教育发展的需要，其统筹规划、合理布局，同时注重社会效益与经济效益，建立起自我运作、自我建设、自我发展的运行机制。

2. "岗课赛证"融通，汇集校企资源，共建立体化教学资源库

咸阳职业技术学院实施了"岗课赛证"融通，制定了融合岗位职业标准、技能大赛标准、职业技能等级标准的课程标准。其依据人才培养方案，引入了合作企业云计算、大数据等相关领域的生产项目，开发了云计算技术与应用、大数据技术与应用等多个技能大赛典型案例，将云计算平台运维与开发、大数据技术平台运维等 5 个职业技能等级证书中工程项目，转化为教学案例、实践项目，并开发了相关课程，微课、视频、动画等素材，编写项目化教材、新形态教材，形成了"纵向贯通、横向融通"的立体化教学资源库。

基于"岗课赛证"融通，校、企"双元"合作，构建了课程体系，重构了教学内容和考试内容，解决了课程体系与岗位脱节的短板问题，推进了人才培养方案的改革，从而满足了岗位需求，进阶式培养了学生的职业综合素养，使得学生学习参与度大幅提升，明显增强了就业竞争力。展望未来，我们将继续探索计算机专业群育人模式，继续深入推进教育改革，不断提高人才培养质量。

第二节　人工智能产业研究院建设

《中华人民共和国国民经济和社会发展第十四个五年规划和2035年远景目标纲要》指出，在科教资源优势突出、产业基础雄厚的地区，布局一批国家产业技术研究院，加强前沿技术多路径探索、交叉融合和颠覆性技术供给。研究院是"校企产学研"合作的新模式，其为集聚高校和企业优质资源，通过科教融合、产教融合和多学科交叉融合等协同机制，聚焦产业技术工艺创新和多样化人才需求，加强校企产学研协同创新，创新校企协同育人模式，促进了教师和工程师之间的双向流动。

咸阳职业技术学院以习近平新时代中国特色社会主义思想为指导，全面贯彻党的十九大和十九届六中全会精神，牢固树立新发展理念，落实高度重视、深入贯彻落实学院工作要点和部署，努力推进学院中国特色高水平高职学校和专业建设计划，发挥人工智能产业研究院辐射、带动、引领作用，充分调动了师生参与教科研的积极性，提升了教师、学生教科研能力，并通过大幅提升新时代职业教育现代化水平和服务能力，努力提升师生服务区域经济能力，从而打造技术技能创新服务平台。

一、基本情况

为了发挥资源效应，聚焦产业发展需求，咸阳职业技术学院与南京五十五所技术开发有限公司积极搭建技术技能创新服务平台，从而实现了优势互补、资源共享，深化了校企产学研融合发展，加速了推进科研成果转移转化，促进了"产学研"协同创新和协同育人。近年来，学院定期选派教师、学生进入IT相关企业，深度参与企业新产品、新工艺、新技术研发及关键共性技术攻关，并以企业实际技术难题、技术创新项目为选题完成教科研项目，提高了师生的创新能力和实践能力。基于学院"双高"建设，依托博士工作室，发挥人工智能产业研究院的辐射、带动、引领作用。

二、具体做法

（一）构建产业研究院管理体制机制

校企协同共建是通过集人才培养、科学研究、技术创新、产业服务、学生创业和继续教育多功能于一体的研究院来完成的。其实体化运行与管理有利于实现专业建设与产业需求、课程体系与人才能力要求，以及科研创新与产业技术需求的有机对接，提高了人才培养和科研创新的适切性。通过引企驻校、引校进企和校企一体化等多元化方式，共同修订了人才培养方案，共同构建了校企协同的课程体系和灵活多元的人才培养模式。通过建立多方联动的建设机制，建立了健全行业企业深度参与产业学院科技创新、专业建设、人才培养的新机制，统筹协调管理产业研究院顶层设计的相关事宜，并指导了产业研究院科研人才培养的发展方向。另外，还联合开展了企业项目攻关、项目孵化、产品技术开发和成果转化等工作，共同促进产教深度融合，将产业研发成果及时引入专业教学内容。

（二）建立教科研项目"动态调整"机制

每年年底召开下一年度教科研项目的申报计划会，征求教师参与教科研项目意向，研读各级各类项目申报指南，请专家对主持人的申报书进行打磨，提高项目申报的成功率。

（三）组织教师进入企业学习，参与企业项目研发

根据年度计划，组织各教研室老师进入企业学习新技术、新工艺和新规范，深化校企合作，参与企业项目研发，帮助教师通过与企业合作提升其专业能力。

（四）多措并举，孵化双创项目

初步依托人工智能产业学院、博士工作室，由人工智能产业研究院牵头组织师生从大学生科技创新项目、实训项目、教师教科研项目等总结和探寻创新点，孵化创新创业项目、挑战新项目。

三、建设成效

（一）师生教科研能力逐步提升

2021—2022 年度立项陕西高等职业教育教学改革研究项目 1 项，立项

陕西省职业技术教育学会课题 4 项，立项陕西省教育科学"十四五"规划 2022 年度课题 2 项，立项咸阳市科技计划项目 1 项，立项院级教科研项目 32 项。

结题陕西省科技计划项目 1 项，咸阳市重点研发项目 1 项，西省教育厅专项科研计划项目 2 项，结题院级科研项目、大学生科技创新项目 15 项，结题陕西省职业技术教育学会结题课题 19 项，结题院级教学改革项目 7 项，结题院级课程思政项目 21 项。2022 年度咸阳职业技术学院新增王康博士工作室 1 个，立项各级各类教科研项目 19 个，顺利结题各级各类教科研项目 43 项。1 名教师荣获 2021 年度陕西高等学校科学技术三等奖。教师发表论文 96 篇，其中在核心期刊发表 22 篇，在 SCI 一区发表 1 篇，在 EI 发表 4 篇，11 篇论文获陕西省职业技术教育学会优秀职教论文；申请专利 13 项，其中发明专利 4 项、专利转让 1 项，到账经费 10 万元。

编写学术著作 2 部，合计字数为 29 万字。教师出版教材 8 部，其中 1 部教材入选 2022 年人力资源社会保障部技工教育规划教材选用目录，2 部教材分别荣获陕西省计算机教育学会优秀教材二等奖、三等奖。

（二）科技孵化能力不断进步

孵化"双创"项目 26 项，获国赛银奖 2 项，省赛金奖 4 项、银奖 1 项、铜奖 1 项。学生申请软件著作权 1 项，发表论文 3 篇。3 名学生获得 HCIA 认证，1 名学生荣获 CKA 认证，1 名学生荣获 RHCSA 和 RHCE 认证。

（三）师生社会服务能力不断提升

4 位教师担任国赛裁判，4 位教师担任省赛裁判，26 位教师为西安融创科技有限公司、西咸新区光束视界影视有限公司提供技术服务，1 位教师担任省培教师。截至目前，咸阳职业技术学院打造"双创"团、科研创新团队 4 支，其中包含泰昱智慧水务创新创业团队、"人工智能＋智慧农业"科研创新团队、卓越物联网创新团队、"信息安全＋云数据"安全科研创新团队。

（四）营造了良好学术生态环境

建立科研诚信与学风建设长效机制建设，完善科研成果审核机制和使用前承诺，通过短期整改与长效机制多措并举，推动了作风和学风建设的常态化、制度化，为科技工作者潜心科研提供了良好政策保障和舆论环境。

通过组织科研人员对其论文、科研项目进行全面梳理、自查，并建立信息工程学院自查数据库。明确科研诚信是科技创新的基石，是科技工作者的生命。坚决树立"红线"意识，严守科研伦理规范，守住学术道德底线，坚持改革创新，将科研诚信贯穿教学科研全过程，筑牢人才培养质量第一关。

第三节　教师团队建设

高素质、专业化创新型师资团队是高职院校创新发展的关键，也是新时代对师资队伍建设的新要求，然而团队发展能力、动力及后劲不足，长期制约着教师团队的可持续发展。为了落实《中共中央 国务院关于全面深化新时代队伍建设改革意见》和《国家职业教育改革实施方案》，推动完善"双师型"教师队伍建设工作，咸阳职业技术学院以校企合作和赛教融合为突破口，着力解决教师队伍中存在的问题，实践教师队伍培养新思路，以更好地为区域产业经济发展培养高素质的技术技能人才。

一、基本情况

目前，咸阳职业技术学院教师团队发展存在着后劲不足、能力不足、发展动力不足等问题，主要表现在以下几个方面。

（1）部分教师缺乏个人职业发展规划意识，研究方向不稳定，同时，缺乏团队协作意识，科研和创新意识及能力不能很好地适应行业和专业发展需求。

（2）师资结构断层，高层次领军人才和高水平师资不足，中青年骨干教师少、青年教师多且缺乏实战经验，教学内容严重落后于企业需求。

（3）教师考核评价激励机制和保障机制不够健全，致使考核评价激励实效性不强，团队发展动力不足。借助计算机高水平专业群建设契机，从师资团队建设目标、理念、标准、平台、运行机制、培养培训体系、考核评价体系和保障机制等方面进行探索，构建"一中心、二路径、多渠道"的教师培养体系，以师德师风统领教师发展成长全过程，落实落细"双师双能"型教师工作，开展多渠道、多方面的教师执教和技术服务能力提升计划。

二、具体做法

（一）确定师资团队的发展理念

咸阳职业技术学院通过学习职业教育新的发展理念，借鉴兄弟院校的师资团队培养经验，结合新一代信息技术发展需求，确定师资团队建设和发展理念——"匠心育魂，创新协助，共同进步，超越自我"，引领师资团队健康发展。

（二）校企共培互聘师资，打造"双师型"教学创新团队

咸阳职业技术学院通过落实学院卓越团队培养计划，围绕云计算、大数据等产业高端领域，培育国家级技术技能大师、高水平专业双带头人，落实云计算、大数据等产业高端领域"企业家、工匠（大师）进校园"行动计划，从秦创原、南京五十五所等园区、企业选聘大师工匠担任学院产业教授、客座教授；形成博士、技能大师、产业专家等高端人才引领，校企骨干支撑，集教学、科研、技术服务于一体的高水平"双师型"教学创新团队，充分发挥教学创新团队在资源建设、教材建设、课程教学、技术研发、社会服务等方面的示范引领作用。此外，学院还聘请企业兼职教师12名、产业和企业专家两名，"双师型"教师占专业课教师比例达到98%。培育省级职业教育教学创新团队1个。培育院级教学创新团队4个。

（三）搭建人工智能技术技能创新服务平台，提升教师"产学研用"能力

咸阳职业技术学院深化校企合作，以博士工作室为引领，搭建人工智能技术技能创新服务平台，以创新"校地联盟、校企合作、院企融合"的合作新模式，促进政、行、企、校、研优势资源深度融合，实现人才培养与产业需求的对接。通过优化科研创新生态软环境，共建协同创新中心，共建混编科研团队，推进科研成果转化。持续推进教师到企业实践和全员轮训制度，培养一批能够改进企业产品工艺、解决生产技术难题的"工匠之师"，提高专业教师对接产业发展能力和吸收产业先进元素的能力，提升教学团队技术创新和服务社会的能力。全面落实全员轮训制度，教师到企业锻炼80人次，教师参加国内培训80人次。实施项目统筹及精细管理，提升团队协作能力，并以项目实施推进校企联合培养机制的实施，使教师在分工协作中突破资源壁垒及学科边界，实现资源与技能的转化、交流和提升，促进了"双师"团队从单纯的成员结合向协同创新的社会融合转变。

（四）实施"教师进阶培养"计划，分层推进教师专业发展

咸阳职业技术学院对每位新进教师指定校、企指导教师各1人，定期

开展活动，以老带新，促进新进教师尽快适应教师岗位；对每位青年教师制订发展规划，加大经费投入力度，促进青年教师尽快发展成为"双师型"教师、教坛新秀、教学名师；对课程负责人和专业带头人实施专业带头人、教学名师培养工程；对每位中青年骨干教师或专业带头人制订发展规划，加大经费投入力度，促进其尽快发展成教学名师，尽早获得国家级、省级教学名师认证。同时，打造职称梯级"初级—中级—副高—正高"和职业梯级"教坛新秀—骨干教师—教学名师—领军人才"的"双梯级"上升通道。实施"教师能力提升"计划，采用"双导师"制，对青年教师进行"二对一"分类指导，开展"讲好 1 门课、指导 1 项创新创业项目、主持 1 项课题、对接 1 家企业、结对 1 名工匠大师"活动，提升教师的执教能力与社会实践能力。分级打造师德高尚、技艺精湛、育人水平高超的专业带头人、教学名师等高层次人才。培养教坛新秀 8 名、骨干教师 8 名、院级教学名师两名、"双带头人" 1 名，力争培养省级教学名师 1 名、教师教学能力比赛省赛获奖 4 项。

（五）聚焦"1＋X"证书制度开展教师全员培训工作

咸阳职业技术学院对接云计算平台运维与开发、大数据平台运维等职业技能等级证书培训讲师标准，联合证书培训评价组织，开展教师全员培训。将"1＋X"证书培训作为新任教师过教学关及教坛新秀、骨干教师评选的基本条件，培育一批职业技能等级证书培训教师和考评员，提升教师技术创新和社会服务能力。

（六）制度先行指标引领，优化团队建设考核激励机制

咸阳职业技术学院建立了完善师资队伍建设管理办法、企业兼职教师聘用管理办法等，建立了校企人力资源互聘互用机制，共同制定新进教师培养、专业负责人选拔、企业专家遴选、教学团队建设等实施细则，将师德师风、工匠精神、技术技能和实际业绩作为考核标准，建立多元化考评指标体系，完善教师个体自主发展与团队整体发展联动机制、团队考核评价激励机制等，使团队运行机制不断优化完善。完善教学团队考核评价机制。构建效率优先、兼顾公平的分配制度体系，激发教师教书育人、工作创业活力，提升教师吸收产业先进元素的发展动力。在教书育人、资源建设、教材建设、课程建设、技术研发、社会服务等方面，发挥教学团队的示范引领作用。

三、建设成效

（一）形成"双师双能"型、发展态势良好的教学团队

随着我国职业教育改革发展，"双师"的内涵特征及外延形式不断拓展，从"教师资格证＋职业资格证"的"双证说"、"理论教学能力＋专业实践指导"的"双能说"、"院校教学经历＋企业实践经历"的"双经历说"持续延伸，并结合高职教育的职业属性和跨界特质，逐渐形成集教育从业者素质及行业从业者素质于一体的"双师"概念。

目前，咸阳职业技术学院师资团队中专业带头人 8 人（来自企业的带头人 4 人）、骨干教师 16 人、教坛新秀 8 人、院级优秀教学团队 4 个、科研创新团队 6 个、"1＋X"培训讲师 15 名，初步形成了发展态势良好的教学团队。近 3 年来，2 名教师入选学院教学名师，1 名教师入选省级教学名师。

（二）教师社会服务能力逐渐提升

近 3 年来，咸阳职业技术学院 1 名教师荣获陕西高等学校科学技术三等奖。立项省级教科研项目 4 项，市级教科研项目 2 项，开展横向课题研究 7 项，解决企业技术难题和技术服务 24 项，孵化"双创"项目 8 项，连续两年指导学生参加"互联网＋"大学生创新创业大赛国赛银奖 2 项，省赛金奖 3 项、银奖 1 项，铜奖 1 项。打造"双创"团队 8 支，培训认证 2 000 人次。咸阳职业技术学院有 5 位教师担任国家级比赛裁判，24 位教师为西安融创科技有限公司、西咸新区光束视界影视有限公司提供技术服务。

（三）教师教学水平不断提高

咸阳职业技术学院 2022 年参加教师教学能力比赛省赛获奖 2 项。教师发表论文 46 篇，其中有 7 篇核心在期刊上发表，4 篇论文获陕西省职业技术教育学会优秀职教论文二等奖，2 篇获陕西省职业技术教育学会优秀职教论文三等奖。教师申请专利 1 项、专利转让 1 项、立项横向课题 3 项、科技成果转让 1 项，合计到账经费 38.5 万元。教师出版教材 3 部，其中 1 部教材入选 2022 年人力资源社会保障部技工教育规划教材选用目录。

四、特色与创新

（一）形成"以师带师""师成带学"的良性循环机制

教师在企业跟岗学习时，会有企业派出人员作为其指导教师，指导教

师学习相关的业务流程与实际操作。这样"以师带师"亲身示范的方式，能够高效地将教师带入工作环境，较好地培养其专业技能。教师学成归来后，将自己在企业中的实践工作经验带入课堂教学，将企业中学习的经验传授给学生，可以拓宽学生的专业眼光，同时可以提升他们的专业素养与岗位适应能力。这样就形成了一种良性循环，让教师和学生的各方面素质都得到提高。

（二）制订多方联动"教师进阶培养"计划，分层推进教师专业发展

校企合作要形成政府引领、社会共建的教育培训大格局；行企要树立正确的人才观及长远发展理念，对新兴产业、岗位提出具体的人才标准及技术需求，联合高职院校完善专业建设、人才质量、岗位标准等管理文件，促进产业经济快速转型升级；院校要严把"双师型"教师的质量关，完善教师培训管理制度、培养体系及评价标准，推动教师下厂锻炼提升实践能力。通过校企互培互聘、双向流动的岗位管理方式，使企业专家和专任教师能够深度参与课程教学、顶岗实践、产品研发和成果转化，实现多方协作育人。以项目驱动教师参与科研服务及技术转化，解决企业现实困难，提升教师为中小微企业解决问题的能力。

通过校企合作，加强计算机应用技术专业群建设，鼓励教师参加教师教学能力比赛，打造"精教、善赛、能研、会服"的"双师型"教学创新团队，进一步提升教师团队的专业能力和社会服务水平。

第四节　大数据平台与课程思政教育建设

2016 年 12 月，全国高校思想政治工作会议要求高校坚持将立德树人作为教学育人的核心环节。2020 年 5 月，教育部印发《高等学校课程思政建设指导纲要》指出，"全面推进课程思政建设，就是要寓价值观引导于知识传授和能力培养之中，帮助学生塑造正确的世界观、人生观、价值观"。2020年 9 月，教育部等九部门印发《职业教育提质培优行动计划（2020—2023年）》指出，"落实全员全过程全方位育人，引导职业学校全面统筹各领域、各环节、各方面的育人资源和育人力量，教育引导青年学生增强爱党爱国意识，听党话、跟党走"。从以上国家层面的文件精神中我们可以看出，引导专业课教师加强课程思政建设，并融入专业课程教育教学，已成为教书育人的关键环节。高等职业院校作为培养高素质技术技能人才的引领者，要围绕学生的思想工作加强意识形态教育。因此，"大数据平台构建"中的课程教学团队依托咸阳职业技术学院校企融合载体——人工智能产业学院，体现出职业教育特色，增强了课程建设的适应性，在遵循社会主义核心价值观引领的原则下，构建出"思想性与知识性"相结合的课程建设思路，培养一批家国情怀厚、工匠精神浓、人文素养高的社会主义接班人。

一、课程思政核心元素

"大数据平台构建"课程是一种思维意识、一种教学理念。该课程以党建为统领、立德树人为根本任务，将"爱国主义、家国情怀、使命担当、工匠精神"等需要塑造、培植的元素融入教学之中，使学生在学习技术技能的过程中，潜移默化地加强了道德修养和职业素养。

（一）家国情怀

通过"大数据平台构建"课程，让学生了解大数据产业是我国国家战略性新兴产业——新一代信息技术产业的一个关键领域、大数据产业发展水平和前沿技术，以及其未来的发展趋势；让学生了解到我国大数据技术与国外之间的差距与优势。通过差距分析，让学生明白祖国的科技发展与每一名大学生的默默奉献密不可分；通过优势比较，培养学生的民族自豪感和使命担当精神，激发学生的爱国情、强国志和报国行。

（二）伦理规范

"大数据平台构建"课程蕴含着系统化、工程化和科学化的思维。该课程通过一个个鲜活的、贴近生活的伦理方面的育人案例，将隐性的元素显性化地通过文献查阅法、讨论法、头脑风暴法等方式，融入课程教学全过程，达到了润物无声的教学效果。该课程涉及知识产权、隐私保护、软件版权、网络与信息安全，以及数字鸿沟等伦理问题。以大数据领域经典正反伦理事件为例，采用讨论法，让学生领会信息技术领域的伦理原则，养成遵守行业规范的意识。

（三）职业道德

"大数据平台构建"课程涉及的技术具有开放性、开源性、专业性，但也隐藏着数字风险等社会性问题，需要加强对学生遵守职业道德、行业规范的培养。通过社会实践、实训实习、企业参观、志愿服务等实践教学活动，让学生了解大数据行业的国家战略和相关政策，以及大数据方面的法律法规，关注社会现实问题，强化职业道德和职业理想教育，做一个合格的劳动者。

（四）工匠精神

以培养技术技能人才为目标，"大数据平台构建"教学借助数据处理平台的搭建、数据的筛选及清洗等教学和实践环节，引入企业真实项目，营造了运行场景，并融入实际岗位角色，将课程思政与实践教学、准员工角色等有机融合，将精益求精的工匠精神培养贯穿高标准要求、过程规范、环节完整的教学过程中，从而使学生职业精神的体验感和技能收获感得到提升。

（五）人文素养

随着以大数据、云计算、人工智能等技术为代表的信息技术的发展与应用，信息的交流与传播瞬息万变，加速了多元文化的交流与碰撞、多维思潮的互融与激荡。挖掘"大数据平台构建"课程的文化价值，深层次凝练课程体系的思想价值，可以增加课程人文性，可以提升课程的开放性、时代性，塑造学生完整、健全的人文精神，教育学生养成健全的人格和拥有健康的身心。

二、课程思政体系构建途径

（一）课程伦理意识

"大数据平台构建"课程伦理蕴含着计算机类专业特有的系统化、科学化、逻辑化、工程化思维，在进行课程建设时，应更深层次挖掘出课程中蕴含的育人元素，通过生动鲜明的实例，将隐性知识显性化。该课程专业伦理包括维护网络与信息安全、保护知识产权、不侵犯个人信息隐私、防止软件盗版、反对不当竞争、数字鸿沟等内容。学生在课程学习的过程中，逐步认识到新一代信息技术的高速发展对其日常生活带来的冲击和认知层的不适应，学生要学会应对由此引起的职业伦理问题，消除不适应，努力做到专业技能培养与育人同频共振、同向同行，从而培养出具有家国情怀的高素质技术技能人才。在教学实践过程中，通过以该门课程所涉及的新技术、新职业、新范式所面临的职业伦理问题为案例，在研讨职业伦理、职业道德过程中，以小组讨论法、头脑风暴法、案例研究法等教学方式，提出正反视角观点，通过分析、研讨，提升学生的分析、甄别和判断的能力。另外在学生专业技能培养过程中，融通专业伦理意识和职业岗位规范，进而使其形成科学的系统化思维和正确的专业伦理意识。

（二）课程教学资源库

建设"大数据平台构建"课程资源数据库要遵循实用性、专业性和权威性。围绕立德树人根本任务，以习近平新时代中国特色社会主义思想为指导、社会主义核心价值观为引领、理想信念教育为核心、全面提高人才培养能力为关键，加强劳动精神、劳模精神、工匠精神教育，增强诚实劳动意识，培养奋斗精神和奉献精神，为课程教学提供丰富的思维资源。教学资源库包括技术发展报道、技术应用视频、核心技术专题等各类资源课程教学资源，以及课程涉及的专业伦理和职业规范等相关内容，从而构建党建统领、"十育人"推进的课程和"三全育人"课程教学资源体系。在具体实施过程中，多维度、深层次凝练、挖掘课程所蕴含的育人理念，遵循系统性与特色性相融通、专业性与伦理性相融通、民族性与世界性相融通、普适性与特殊性相融通的原则，按照科学家、大国工匠等人物类，中国新一代信息技术发展成就等成果类，信息产业知名企业类，以及专业伦理规范类等分类建设、梳理育人元素，利用信息化手段，建设"云上"课程资源库，为学生的课程学习提供多维度支撑，进而创新育人教育方式。

（三）课程教学内容

课程教学内容要深刻把握课程的实践性和工程性特点，用合适的方式在教学内容中嵌入育人理念。并结合课程建设的实际需要，重新修订课程标准、实训教学大纲等教学文件，将育人理念嵌入课程知识、技能传授教学全过程，做到育人教育与知识技能传授相融通。例如，在讲授 ZooKeeper 环境搭建与基本操作时、向学生讲授实际环境搭建过程中，会因参数设置和操作步骤得不够精细，可能会导致搭建后的环境在处理信息时会报错，或得到不符合规范的结果，因此要让学生养成精益求精的工作作风和严谨务实的工作态度，同时让学生分组讨论问题的成因以及提出解决问题的办法，强化学生团结合作意识、勇于担当精神等价值观。在认知大数据内容中融入国家数据需求与数据安全等现实知识，以激发学生们的奋斗精神和奉献精神。

（四）课程教学改革

一是及时跟踪学生思想动态。课程组成员通过调研会、座谈会、问卷调查等方式充分掌握学生的思想动态，将相关的课程育人点融入教学过程。

二是优选专业教材。体现出课程思政与课程教学内容的有效融入，以工匠精神的融入为选择标准，潜移默化地嵌入教学全过程。

三是精心设计课程。以课程标准、实训大纲等教学文件为抓手，落实课程的育人目标。例如，通过 Hadoop 常用工具组件的安装与应用的实际案例，融入家国情怀、职业道德、人文素养等元素，从而培养出高素质技术技能人才。

（五）课程教学团队

育人的关键是师资队伍建设。这对教师从政治意识到专业能力都提出了更高的要求。一是教师不但要做知识、技能传授的引路员、教练员、陪练员，而且要做学生正品格、塑品行、提升品味的"大先生"。这就要求教师主动提升思想道德修养和政治站位，树立价值塑造与知识能力培养的理念；通过参加交流会、培训会、教学比赛等形式提升育人能力，做学生价值塑造的"良师益友"。二是建设课程教学团队与思政教师结对机制，形成育人引领的合作机制，共同挖掘课程育人元素，内化为育人资源，融入课堂教学全过程。三是"大数据平台构建"教学团队和企业人员要做到互融，依托合作企业，引进技术骨干等充实课程教学团队，准确对接职业岗位对人才的职业伦理需求，培养学生的职业精神，并与职业岗位标准精准对接。

三、课程思政的实现方式

在课程教学过程中采用"三课堂、三渗透"教学模式实现课程育人教育，即课堂讲授融入知识育人，渗透人文素养、家国情怀、职业道德等内容。实践教学要融入技能育人，并渗透责任担当、工匠精神。课外活动要融入文化育人中，并渗透文化基因的传承与弘扬。将课程育人教育嵌入教学全过程，营造课内课外全覆盖的氛围，实现润物无声的效果。

（一）课堂教学渗透

"充分用好课堂教学这个主渠道，守好一段渠、种好责任田"，做好课堂教学，落实育人目标，实现立德树人目标。挖掘课程育人元素，将家国情怀、职业道德、工匠精神、伦理规范等要素贯穿课程内容章节、融入教学各个环节。深入挖掘课程育人元素，建立资源库，具体包含以下几个内容。

1．正面典型案例

例如，中国信息技术产业发展历程、信息技术重大突破以及科技工作者的事迹等元素，涉及认知大数据、Hadoop 环境搭建等知识点，让学生体会到投入其数字经济建设的重大意义，培养学生具有精益求精和工匠精神的国家情怀。

2．反面典型案例

例如，2008 年，Google 第一次开始预测流感就取得了很好的效果，比美国疾病预防控制中心提前两个星期预测到了流感的暴发。但是，几年之后，Google 的预测比实际情况（由防控中心根据全美就诊数据推算得出）高出 50%，通过分析事故原因，教育学生树立客观、公正、严谨的职业道德观。

3．职业规范

内容涉及理解并挖掘用户需求，进行数据建模，利用专业统计、分析工具从海量数据中总结规律，挖掘潜在价值，提供决策依据，引导学生按照项目设计规范实施项目设计习惯，提升学生职业岗位素养。

（二）实践教学渗透

"大数据平台构建"是一门实践性为主的课程。该课程将育人与具体实践项目有机结合，将课程育人元素融入实践环节，从而走出学校，走进企业，与企业技术人员交流沟通，了解企业真正需求，锻炼了学生的协调沟通与语言表达能力，培养了学生家国情怀和服务人民的意愿。鼓励学生积极参与企业真实项目，通过现场采集数据、分析数据，提出项目实施方案，论证方案，感受项目实施及交付等环节。在项目实施过程中，学生接受了红色教育的洗礼，感受到建设数字中国、促进社会平衡发展任务之艰巨，从而激发学生的责任担当，以及精益求精的工匠精神，以及人文关怀等育人元素。在实践教学项目中挖掘课程中蕴藏的育人主题，学生从而完成实践教学的育人功能。

（三）课外活动渗透

结合课程建设实际积极，开展技术服务、社会实践、勤工助学，从而提升学生创造性地解决实际问题的能力，提升学生就业创业能力，并将其精心培育成职业精神和职业技能深度融合的高素质技术技能型人才，打造"德行高尚、爱岗敬业、遵章守纪、技能精湛"的特质学生。举办校园 IT 科技文化节，成立"咸云"创客工坊、大学生 IT 技术社团、IT 技术训练营、无人机应用、微视频工坊等信息技术类社团，营造"职业文化＋专业文化＋校园文化"的"三文化"育人环境，打造"处处育人、事事育人、人人育人"的育人氛围。发挥照进等爱国主义教育基地、劳动教育实践基地等场所"三全育人"功能，打造"三下乡志愿服务团队""经典诗词诵读"等品牌活动，将家国情怀、人文素养、工匠精神优良传统发扬光大。

课程从教学资源库、教学内容、教学改革三方面融入家国情怀、伦理规范、职业道德、工匠精神、人文素养等育人元素，实施"三课堂、三渗透"教学模式，真正实现"教书＋育人"的和谐统一，推进学生在大数据平台搭建、数据处理等技术技能方面创新应用能力的提升。课程教学的实践证明，科学设计教学过程、有机融入育人元素、合理运用教学资源、不断创新教学模式育人目标对大学生提高素质发挥了重要作用。

第五节　咸阳职业技术学院产业学院建设案例汇编

案例一　"五进、六共"校企融合培养模式探索与实践

电子信息学院立足电子信息类技术技能人才的培养定位和域内产业需求，以国优骨干专业、生产性实训基地、省一流专业和"双高计划"项目计算机应用技术专业群建设为支撑，利用域内资源优势，结合自身特点，先后与华为科技有限公司（以下简称华为）、微软西安分公司、广电银通金融电子科技有限公司（以下简称广电银通）、南京五十五所技术开发有限公司（以下简称南京五十五所）、科大讯飞股份有限公司（以下简称科大讯飞）、神州数码云科信息有限公司（以下简称神州数码云科）等知名企业开展校企合作、推进工学结合的人才培养，形成了多主体参与的"五进、六共"校企协同培养模式。"五进"即企业师资进团队、企业技术进课堂、企业课程进体系、企业设备进基地、企业认证进考核；"六共"即校企双方实现专

业共设、人才共育、过程共管、师资共编、基地共建、成果共享。

一、专业共设、校企共建专业

聘请南京五十五所、神州数码云科、科大讯飞等企业的专家与咸阳职业技术学院专业带头人和骨干教师共同成立"专业建设委员会",主要完成以下工作。一是申报新专业。根据市场调研产业需求、准确定位培养规格、合理确定三维目标、科学构建课程体系,以确保申报新专业的发展方向符合市场需求。近年来,咸阳职业技术学院与合作企业成功申报计算机信息管理专业、软件技术专业、信息安全与管理、大数据技术与应用等专业。二是修订专业教学标准。依据行业新技术、新工艺的要求和企业对人才的需求,修订了所有专业的人才培养方案、制定了专业岗位标准 3 个、顶岗实习标准 3 个、课程标准 147 个。三是专业自评。从专业概况、建设过程及成效、存在问题 3 个方面进行自我诊断,建立了专业建设的动态调整机制,即根据专业设置的预警信息及区域经济社会人才需求变化,对人才专业培养方案进行及时调整,并逐步形成制度。

二、人才共育、校企合力育人

近年来,咸阳职业技术学院(以下简称咸阳职院)按照职业教育"五对接"思路,在校企合作的基础上重点探索、总结出 3 种培养方式。一是"三安、力神免学费订单培养"模式。从 2012 年开始,咸阳职院与天津三安光电有限公司等企业开展人才培养合作。企业为学生的学费买单。学校依据企业需求,为企业量身定制培养人才。学生培养采用"两段式":前两年学生主要在学校学习,最后一年对学生在企业以"教学+生产实训"的方式进行培养。企业按照校方要求,承担"7S 技术""精益制造"等 5 门课程的教学、实践任务;学校派指导教师,进行教学指导和过程监控,先后为企业培养人才 600 多名。二是"华为'六共'合作培养"模式。2013 年,我们与华为合作,采取"六共"合作方式,面向域内的华为企业联盟,全过程、量身为其培养人才。在合作过程中,咸阳职院做到"华为课程进体系,华为技术进课堂,华为设备进基地,华为认证进考核,华为师资进团队"。基于这种模式组建的"华为班"涉及两个专业、259 名学生。三是"现代学徒制"培养模式。依托南京五十五所、神州数码云科、广电银通等合作企业,利用校内生产性实训基地,引进合作企业真实项目,营造真实的生产环境氛围。这样做既锻炼了教师,又为学生实习实训创造了条件。在车间设课堂,引导学生"做"中"学"、"学"中"做",产、教融合,为广电银通等企业培养人才 200 余名。

三、基地共建、校企资源共享

咸阳职业技术学院按照"教学、生产、科研、服务一体化"的思路，通过"引企入校""就业换设备""培训换设备"等方式，与企业共建以"真设备、真项目、真环境"的职业岗位为导向的生产性实训基地。同时整合校内实验实训室，建设资源共享程度较高，集教学、生产、科研、培训、技能鉴定为一体的实训中心，构建"校中有企、企中有校"的校企融合实训基地建设格局。近年来，咸阳职业技术学院通过与华为合作共建华为技术学院、ICT 社会服务园、ICT 产业实训基地；通过与广电银通合作，建立了银行、交通运输等系统的 ATM、自动售票系统培训基地；通过与武汉厚溥合作，建立了厚溥 IT 软件技术生产性实训基地；通过与南京五十五所和神州数码云科信息技术有限公司共建人工智能产业学院、信息安全产业学院以及人工智能产业研究院。

四、师资共编、校企师资融合

咸阳职业技术学院按照"校企融通、优势互补、专兼结合"的教学团队建设思路，以与南京五十五所、神州数码云科、科大讯飞等知名企业合作为契机，共同打造"双师型"教学创新团队。一是从合作企业聘请专家、技术骨干长期来校任教承担专业课程教学任务和课程建设工作。同时，特邀企业技术专家与校内骨干教师合作辅导学生参加技能大赛，较好地解决了一些教师"不能教的问题"，咸阳职院荣获国家职业院校技能大赛一等奖3 项、二等奖 5 项、三等奖 8 项。二是每年选派数名专业教师到合作企业参加技能训练和实践锻炼，重点解决了一些教师"教不对的问题"。目前，咸阳职业技术学院的"双师"型教师已占教师总数的 80%以上。三是积极鼓励教师考取合作企业提供的具有行业权威性的职业资格和技能证书。先后有 6 名教师获得"1＋X"证书培训讲师资格，6 名教师考取华为 HCDA 工程师资格，3 名教师考取华为讲师资格，3 名教师获取微软基于 AppStore 的 Windows 应用程序设计证书。

五、过程共管、校企联合管理

咸阳职业技术学院与合作企业从"入口"到"出口"实施"全员、全程、全方位"的"三全"育人方案。一是校企共同制定教学管理相关制度，联合企业，进一步修订、完善以提高教学质量为中心的《教学运行管理规范》《教师教学工作规范》等系列教学管理制度。同时，进一步修订、制定《专业人才培养方案》《课程标准》《实践教学大纲》等相关教学文件，为人才培养工作和教学管理工作提供标准化管理规范。二是校企共同推行学生评价体系改革。校企共同商定学生双向考核评价方案和细则，围绕学生专业技能岗位应用发展和学生职业素质养成情况，构建以"岗位任务""实习过程""实习成果""技能水平""职业素质"等板块组成的指标体系，科学划定考核评价内容和指标，量化考核评价结果，全面如实地反映学生的顶岗实习情况。将过程性考核和结果性考核相结合，形成学生质量考核评价的全面考核标准。三是校企共同落实学生顶岗实习管理和就业安置工作。结合学生的专业和实习岗位的特点，咸阳职院有针对性地进行深入细致的顶岗实习前的综合培训，以帮助学生提高其对企业和岗位的认识，特别要引导学生认识到自己在企业顶岗实习期间具有的双重身份：既是学校学生，又是企业的准员工，从而实现学院与合作企业联合落实学生的顶岗实习及就业任务。

六、成果共享、校企互惠互赢

通过校企合作，实现"相互借力、各取所需、共同提高、实现双赢"。一是对企业而言，培养了"懂企业、有技术、有经验的人才"。实现了学校教育与企业需求全方位对接，降低企业人力资源培养成本，宣传了企业，使学生认可企业，扩大了企业的社会影响力。二是对学校而言，订单班实现招生即招工。通过顶岗实习促进学生就业，培养了"双师型"师资队伍，宣传了学院，提高了学院知名度，吸引了省内的相关企业，如南京五十五所、科大讯飞、广电银通等。

案例二 建优人工智能产业学院打造计算机应用技术人才培养高地

与南京五十五所共建人工智能产业学院，探索产业学院运行机制，为产业学院发展提供机制保障。基于"工匠工坊"，创新实施现代学徒制人才培养模式，为区域产业发展培养高素质人才。依托产业研究院，打造"双导师"教师教学创新团队，推动产业学院"产、学、研、创、服"高质量发展。

一、实施背景

在《信息产业发展指南》《陕西省大数据与云计算产业五年行动计划》等政策背景下，咸阳职业技术学院顺应新一代信息技术产业对技术技能人才的需求，面向域内中国西部科技创新港、西部云谷以及信息产业园等园区大数据、云计算、软件服务、信息安全、人工智能等信息服务业集聚的优势，依托产业学院的云计算综合运维、大数据分析应用开发、小程序设计制作、企业 SaaS 云应用开发 4 个"工匠工坊"和人工智能产业研究院，从运行机制构建、技术技能人才培养、教师教学团队创新三方面打造建优产业学院，促进了教育链、人才链与产业链、创新链有机衔接，推动了计算机应用技术专业群（专业群以计算机应用技术专业为核心，以软件技术、大数据技术、信息安全技术应用 3 个专业为骨干）特色化发展，从而打造计算机应用技术人才培养高地。

二、工作举措

（一）创建校企双主体协同理事会领导下的院长负责制

产业学院实行理事会领导下的院长负责制。理事会由咸阳职院副院长和企业总经理分别任主任和副主任，决策产业学院的人权、事权、财权。双方共同建立产业学院执行机构，由咸阳职院电子信息学院院长担任产业学院院长，咸阳职院和合作企业各派 1 人分别担任教学副院长与学生工作部主任、科技副院长，协调产业学院在运行过程中的各项工作，保障产业学院有序运行，如图 7-2 所示。

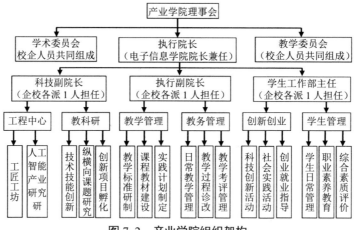

图 7-2　产业学院组织架构

（二）创新实施基于"工匠工坊"的现代学徒制人才培养模式

"工匠工坊"以工坊为载体，将真实工作场景、真实工程案例、真实工作过程、真实商业项目引入课堂，是企业生产和研发机构的延伸，按照"双导师、双身份、三阶段"现代学徒制人才培养模式，培养具有工匠精神和精湛技艺的技术技能型人才。每个工坊选拔 20 人，按照"学徒（准职工）＋学生"的身份，边工作边学习，在"专职教师＋企业工程师"组建的双导师教学团队指导下，完成企业真实工程项目，实践真实工作过程，提升学生的专业技能水平。

咸阳职院将人才培养过程分为三个阶段。第一阶段将典型工作任务转换为教学案例。通过案例让学生学习专业基础知识，掌握项目开发基本技能。第二阶段通过完成企业真实工程项目，让学生掌握专业核心知识，培养其项目开发综合能力。第三阶段应用真实工程项目进行系统训练，培养学生的创新能力。通过三阶段的系统性培养，实现人才培养与产业需求对接、教学过程与生产过程对接、教学内容与技术发展对接，提升学生的实践创新及对口就业能力。目前4个"工匠工坊"培养两届学生近160人，就业对口率达96%以上，薪金待遇超过同届专业毕业生平均工资的20%。

（三）基于产业研究院打造"双导师"教师教学创新团队

产业研究院作为产业学院的重要组成部分，在专业群建设、产学研合作、项目申请、科研人才培养、国际合作等方面积极开展探索实践工作，引领职业教育发展方向，促进科技成果产业化，培养创新人才队伍，为增强学校自主创新能力提供强有力的支撑。产业研究院通过内培外引，形成博士、技能大师、产业专家等高端人才引领，校企骨干支撑，集教学、科研、技术服务为一体的高水平"双导师"教师教学创新团队，服务教学，并进行社会培训、中小微企业技术创新等活动。产业研究院通过项目开发、企业锻炼等方式，企业骨干帮扶专任教师，提升专任教师的技术技能创新能力；通过教师教学能力比赛等教学活动，专任教师传授教学经验，提升企业骨干的执教能力，培养"精教学善服务"的校企骨干。目前，团队中博士5人、技能大师2人、产业专家3人、企业技术骨干20人、专任教师20人。

三、建设成效

（一）形成了产业学院双主体理事会运行体系

校企深度合作形成了双主体协同的理事会领导下的院长负责制。在产业学院运行机制、组织架构以及管理机构人员组成等方面以协议、规章制度等形式规定了遵循依据，为产业学院持续发展奠定了制度依据和机制保障。校企深度合作制定了《产业学院章程》《产业学院财务管理制度》《产业学院人事管理制度》等28项文件，规范了产业学院运行与管理，形成了"命运共同体"，实现了双方共赢与良性发展，为产业学院的长远发展提供了机制保障。

（二）人才培养质量显著提升

在"双导师"教师教学创新团队的指导下，按照现代学徒制人才培养模式，操作企业先进设备、实践企业项目、掌握企业先进技术，提升了学生的专业综合技能，培养了学生的创新创业能力。近年来，咸阳职院的学生在全国职业院校技能大赛中，荣获一等奖 2 项、二等奖 2 项、三等奖 3 项；在陕西省职业院校技能大赛中，获一等奖 9 项、二等奖 22 项、三等奖 17 项；在行业技能大赛中，获省级以上奖励 27 项；在"互联网＋"创新创业大赛省级赛项中获金、银奖各 1 枚；在"挑战杯"陕西省大学生课外学术科技作品竞赛中，获银奖、铜奖各 1 枚。

（三）教学创新团队竞争力显著提高

教师参与社会培训、中小企业技术服务、研发、创新等活动提升了教科研能力，产生了一批教科研创新成果，服务域内产业发展。近年来，咸阳职院教师获陕西省教学成果奖特等奖 1 项、全国职业院校技能大赛优秀指导教师荣誉 4 人、陕西省教育先进工作者 3 人、陕西省教师教学能力大赛一等奖 1 项。"1＋X"证书制度试点培训讲师 7 人，出版校企合作教材 2 部，完成教科研项目 35 项（省级教科研项目 5 项），发表论文 95 篇（其中发表核心期刊论文 30 篇，被 SCI、EI 收录 5 篇）。

聚焦云计算、大数据、网络、信息安全、人工智能等领域组建 5 个科研创新服务团队，为企业提供技术服务 20 多次，开展研发课题 3 项。"1＋X"证书制度试点认证培训 600 人次，新技术培训 600 人，为扶风职教中心开展学生技术技能提升培训 120 多人次。

四、前景展望

产业学院将继续推进产业学院的改革发展，进一步充分发挥企业在社会服务能力、技术创新等方面的主体优势和学校在人才培养、社会服务、就业创业等方面的功能优势，积极探索混合所有制产业学院建设模式和路径，打造校企"命运共同体"，在高水平专业群建设、教师教学创新团队打造、技术技能人才培养、社会服务能力提升、技术创新和项目孵化，以及科技成果转化等多层面开展深层次、多形态、全方位的合作，持续促进人才培养供给侧和产业需求侧结构要素的全方位融合，不断提升高素质技术技能人才的培养质量。

案例三　计算机应用技术专业群人才培养模式的研究与实践

新一代信息产业已成为国民经济的支柱性产业，陕西将新一代信息技术产业列为经济发展的战略产业。2012 年以来，电子信息学院以陕西省高等职业院校电子信息综合示范性基地建设为契机，针对校企合作力度不大，人才培养精度不实等问题，以计算机类专业建设为载体（计算机类专业以计算机应用技术专业为龙头，计算机信息管理、软件技术、大数据技术与应用等专业为核心），对接域内产业发展，联合 12 家企业，在国家创新发展行动计划骨干专业、生产性实训基地、省一流培育专业等项目支撑下，进行了 7 年的研究与实践，形成了"三级递进、四方共育、五轴联动"计算机类专业人才培养体系。

一、建设内容

（1）形成了"三级递进、四方共育、五轮驱动"计算机类专业人才培养模式。以"一年夯基，二年强化，三年拓展"的能力培养为主线，以"政行企校"合作共育为支撑点，坚持 "人才共育、课程共设、师资共编、基地共建、过程共管"的原则，培养与岗位需求对接的人才。

（2）形成了"德技融通"计算机类专业课程体系。对接"平台＋专业（技能）＋高阶"课程模块，将"劳动教育、思政教育、创新创业"贯穿人才培养全过程，培养了一批德技并修的高素质技术技能人才。

（3）形成了"课题推动、能力提升"的师资培养路径。通过"大赛指导—技术服务—项目研发"，实现了教师"技能提升—技术创新—科研研发"能力的提升式培养，打造了一支专兼结合教学创新团队。

（4）形成了"产教研创"的技术技能创新平台建设思路。校企深度合作，引进技术、项目、设备、标准、师资等资源，共建了"产教融合基地、产业学院、产业研究院"平台，赋能"师生成长、中小微企业发展、技术创新与研发"，服务域内经济发展。

（5）形成了"项目载体、技能递进"实践教学体系。引入企业真实项目，对标专业标准、大赛规程、"1＋X"证书标准等，形成"专业基础实训—综合技能实训—拓展创新实训"的实践教学体系，递进式培养学生的"专业基本技能—综合技能—创新技能"，为岗位人才培养提供了支撑。

（6）形成了"多维度立体化"的社会服务体系。融入"域内产业发展、企业新旧动能转化，助力脱贫攻坚"，服务域内产业升级，为促进中小微企业技术创新发展提供智力和技术支持。

（7）形成了"共管共育、合作共赢"的人才培养保障机制。形成"长效运行机制、共管共育机制、资源融通机制、专业建设诊改机制"等四个保障机制，为"创新创业同行、产学研用一体"的高素质技术技能人才的培养提供了保障。

二、实施措施

（一）聚焦产业发展，对接岗位需求，构建计算机类专业培养模式

电子信息学院以面向域内软件和信息技术服务产业为核心，根据产业发展带来的新职业、新岗位、新标准需求，联合合作企业，汇集行企以及相关院校优质资源，对接行企标准、职业岗位标准、专业教学标准等要求，梳理出 7 个核心岗位群，确定人才培养目标，明确人才培养规格，组建创新班、订单班、"工匠工坊"等工学结合方式，实施产教融合对接人才培养方案，构建计算机类专业人才培养模式。

（二）对接模块化课程体系，德技融通，重构专业课程体系

电子信息学院依据域内产业新技术、新工艺、新规范的要求，紧跟行业技术新发展，适应岗位新要求，在模块化课程体系融入"1＋X证书标准、技能大赛标准、行业标准"等要件要求，在课程教学中贯穿"劳动教育、思政教育、创新创业教育"，培养德技并修的技术技能人才。

（三）聚焦教师能力提升，依靠项目带动，打造师资培养新路径

在产教融合基地，依托"1＋X"证书师资培训、技能大赛指导等措施，提升新进教师的执教能力；在产业学院，依托中小企业技改项目、技术创新课题，提升教师的社会服务能力；在产业研究院，依托纵向课题和企业技术研发课题，提升教师的科研能力。形成"技能提升—教技术创新—教科研研发"三级教师能力提升方案，落实"教坛新秀—骨干教师—教学名师"三递进的师资培养新路径。

（四）同步行业新技术，引企入校，构建技术技能创新平台建设思路

电子信息学院依据行业标准、技术规范、设备标准和人才培养规格，根据域内产业转型升级的要求，与行业领军企业深度合作，引入企业新设备、新技术、新标准等有形和无形要件，引入企业技术创新项目和企业课题，构建"产教融合基地、产业学院、产业研究院" 技术技能创新平台，按照企业管理模式和工作流程，服务"学生成才和教师成长、域内中小微企业发展、技术创新与研发"。

（五）引入行企规范，营造真实环境，构建实践教学体系

依据岗位能力要求，电子信息学院与合作企业在工匠坊、产教融合基地等实训场所，设置职业情节、营造企业氛围，对标专业标准、大赛规程、"1＋X"证书标准、行企标准，引入企业真实项目，按照企业管理模式和工作流程，构建与模块化课程体系对应的项目载体，形成能力递进的"专业基础实训—综合技能实训—拓展创新实训"实践教学体系，进阶式培养

学生的"基本技能—综合技能—创新技能",实现岗位与人才培养匹配。

（六）依托技术技能创新平台,聚焦产业发展,重构社会服务体系

电子信息学院依托产教融合基地、产业学院、产业研究院等平台,汇集"政行企校"多方优质资源,为中小企业提供技术服务、技术研发、项目支撑等服务;为中小微企业开展技能鉴定、员工培训和继续教育;为促进经济发展提供智力和技术支撑。

（七）汇集多元资源,共建运行体系,构建人才培养保障机制

电子信息学院依据国家相关职教政策、文件,建立适应专业群发展的"政""校""行""企"联盟委员会平台,建立包括专业优化、课程开发、师资培养、基地建设等协商决策的长效合作运行机制;与行业标杆企业共建合作平台,引入相关标准,形成了人才培养对接域内产业发展的动态调整机制;共建资源融通平台,引入行企人员、设备、项目、机制等有形和无形要件参与教学全过程,建立从"入口"到"出口"的共育共管机制;在校企合作中,引入企业精细化管理理念,形成了"事事有评价、事事有反馈、事事有诊改"的专业诊改机制。

三、建设成效

（一）人才培养质量全面提高

在全国职业院校技能大赛中,咸阳职院的学生先后荣获一等奖 3 项、二等奖 5 项、三等奖 8 项,在陕西省职业院校技能大赛中先后获一等奖 13 项、二等奖 24 项,三等奖 37 项,在行业技能大赛中获省级以上奖励 60 余项。学生的就业质量得到社会广泛认可,优质就业率连续攀升,高薪就业人数越来越多,涌现出一批先进个人,如王珂被评为陕西省技术能手,2 名大赛学生被聘为企业技术专家;栾冲、何杰、樊恩、王杰等一批优秀毕业生和朱鹏飞等荣获"工匠"标兵称号。计算机类专业在校生人数从 2012 年的 700 余人迅速增加到 2020 年的近 2 600 人,办学规模一跃跻身陕西省同类院校第一方阵。

（二）专业综合实力显著增强

电子信息学院计算机应用技术专业被评为国家创新发展行动计划骨干专业和陕西高职院校一流专业培育项目;IT 软件技术生产性实训基地被评为国家创新发展行动计划生产性实训基地;电子信息综合实训基地被省教育厅评为陕西省高等职业教育示范性实训基地。

其计算机类专业教创团队教师 86 人,副教授以上职称达到 30%,"双师"素质教师达到 100%,专兼职教师比例达到 1∶1,获国家职业院校技能

大赛优秀指导教师荣誉 6 人，荣获陕西省教师教学能力大赛奖项 3 项。荣获陕西省教学成果奖特等奖 1 项。出版校企合作教材 50 余部，完成省级以上教科研项目 25 项，发表论文 125 篇（其中在核心期刊发表论文 30 篇，SCI、EI 收录论文 9 篇），获取各项专利 23 项，建成院级精品在线开放课程 12 门。

（三）技术技能创新平台建设成效显著

在实训基地建设中发挥校企各自优势，与合作企业共建"神州云科信息安全学院""人工智能产业学院"和"人工智能产业研究院"，"工匠工坊"等 6 个，以及"华为 ICT 实训基地""智慧金融培训基地""厚溥 IT 软件技术生产性实训基地""智能机器人实训基地""云创信息安全中心"等累计 13 个基地。

一大批企业捐赠的先进仪器设备陆续进入校内实训基地，极大地改善了实践教学条件，为人才培养打下了坚实的基础。电子信息综合实训基地被省教育厅评为示范性实训基地。

案例四　"博弈论"视角下，高职院校计算机类专业进行校企合作面临的困境与对策

美国的"合作"教育、德国的"双元制"培训、英国的"三明治"工读制度、俄罗斯的"学校—基地"企业制度，虽然名称各不相同，但就其本质而言，都是校企合作的成功模式。院校计算机类专业作为高职院校目前比较热门的专业，而专业建设好不好，在很大程度上要看校企合作做得怎么样。据调查，全国 90% 以上的高职院校计算机类专业都与 IT 类企业有校企合作关系，但是在现实中，由于在各自的利益诉求下，校企合作各利益方之间存在着较多的矛盾，所以导致在合作的道路上困境重重。下面就各利益主体在校企合作过程中面临的困境进行分析，并结合咸阳职业技术学院校企合作的实践，提出一些可行性对策。

一、校企合作相关利益方的博弈分析

所谓"博弈论"，就是假定组织和人在理性的前提下，如何进行决策以及这种决策是如何达到均衡的目的，即如何选择最佳的行动计划来使自己的收益或效用最大化的理论。"囚徒困境"的博弈模型是由美国普林斯顿大学数学家阿尔伯特·塔克（Albert Tucker）于 1950 年提出来的。该模型用一种简单易懂的方式讲述了两个囚徒在犯罪后被抓后，如何在"坦白"与"不坦白"两种决策中进行选择，如何与对手进行博弈，最终在信息不透

明的情况下，双方从个体理性的角度均选择背叛对方，实现集体非理性的纳什均衡。[①]用此模型可以解释现实生活中存在很多的经济现象。校企合作中的相关利益方在合作过程中的决策也可用此模型做出解释。

（一）博弈模型建立的假设条件

第一，博弈双方都是"经济人"，选择时，都是从利己的角度出发。

第二，博弈双方都有两种决策，且一方在决策之前无法得知对方的想法，即信息不透明。

第三，博弈双方在做决策时，没有其他机构或组织干预。

（二）校企双方在合作过程中的"博弈"

计算机类专业校企合作中的高职院校与 IT 类企业，是两个最主要的决策主体，双方都有权利选择继续合作或中止合作。由于校企合作对校方的收益主要体现在专业建设、师资建设、实践教学环境建设，体现在学生的实践、实习、就业等方面，企业收益体现在学校提供的人力资源、硬件设施、研发资源、学生为企业创收等方面，这些收益都不好量化，因此假设校企合作总收益为 R，如果双方平均享受收益，则会出现以下四种情况。

一是如果双方均选择继续合作，则校企双方各享受 1/2 的收益，校企双方收益分别为 R/2，R/2。

二是如果高职院校选择继续合作，而 IT 类企业在其所需的人才招到单位后，选择终止合作，则高职院校收益为 0，IT 类企业享受全部收益 R，校企双方最终收益分别为 0，R。

三是如果 IT 类企业选择继续合作，而高职院校在企业用人季选择终止合作，则 IT 类企业收益为 0，高职院校享受全部收益 R，校企双方最终收益分别为 R，0。

四是如果双方均选择终止合作，则双方均无收益，校企双方最终收益为 0，0。

由此建立的校企双方的收益矩阵如表 7-1 所示。

表 7-1　校企双方的收益矩阵表

合作方式	高职院校选择继续合作	高职院校选择终止合作
IT 类企业选择继续合作	R/2，R/2	0，R
IT 类企业选择终止合作	R，0	0，0

[①] 纳什均衡是指参与人的一种策略组合，在该策略组合上任何参与人单独改变策略都不会得到好处，即如果在一个策略组合中，当所有其他人都不改变策略时，就没有人会改变自己的策略。

132 | 产教融合背景下产业学院建设运行机制的研究与实践

通过对博弈矩阵进行分析发现，在不考虑对方利益的情形下，对自身来说，最好的选择都是"终止合作"，双方都想独吞校企合作的收益，将校企合作的成本转嫁给对方，校企合作双方陷入了"囚徒困境"的状态。尤其是对企业方而言，表现得尤为明显。每到毕业季，企业方寻求校企合作的热情非常明显，但是在其他时间，校企双方合作的欲望却并不明显。

（三）企业与学生在学生顶岗实习期间的博弈

IT 类企业与学生在整个校企合作过程中，也存在着一定的"博弈"。这点在文献和研究中被提及得很少。下面以与咸阳职院合作的 IT 类企业开出的平均工资 3000 元/月为基准，建立博弈矩阵。假定学生在 IT 类企业顶岗实习可以为企业创造利润 10%，学生离开 IT 类企业给企业造成的损失也为10%。则会出现以下四种情况：

一是 IT 类企业选择支付高薪 3 500 元，比平均工资高 500 元，学生选择继续留在 IT 类企业工作，那么学生收益为 3 500 元，IT 类企业收益为 3 000×（1+10%）=3 300 元。

二是 IT 类企业选择支付低薪 2 500 元，比平均工资低 500 元，学生选择继续留在 IT 类企业，那么学生收益为 2 500 元，IT 类企业收益为 3 000×（1+10%）+500=3 700 元。

三是 IT 类企业选择支付高薪 3 500 元，比平均工资高 500 元，学生选择离开此 IT 类企业去别的 IT 类企业工作，那么学生收益为行业标准 3 000 元，IT 类企业收益为-3 500×10%=-350 元。

四是 IT 类企业选择支付低薪 2 500 元，比平均工资低 500 元，学生选择离开 IT 类企业去别的 IT 类企业工作，那么学生收益为行业标准 3 000 元，IT 类企业收益为-2 500×10%=-250 元。

由此建立的学生与 IT 类企业双方的收益矩阵如表 7-2 所示。

表 7-2　学生与 IT 类企业双方的收益矩阵　　　　　单位：元

薪酬档次	学生薪酬工作情况（继续）	学生薪酬工作情况（离开）
IT 类企业提供高工资	3 500，3 300	2 500，3 700
IT 类企业提供低工资	3 000，-350	3 000，-250

通过对博弈矩阵的分析发现，企业追求的是经济利润，期望实现投资小、收益大的局面，学生则是希望获得理想报酬和一定的工作经验。当两者利益出现冲突时，双方都从理性的角度选择出了让集体利益受损的决策，最终同样陷入个体理性，集体非理性的"囚徒困境"局面。

二、校企合作面临的困境

（一）投资收益率较低，校企合作动力不足

对 IT 行业这样的一个"技术＋服务行业"而言，一方面，校企联合培养的学生不像生产制造业和高新技术产业能够很快见到收益，新进员工能力的培养在短期内是很难见成效的，导致校企双方合作的动力不足；另一个方面，校企合作本身就是一个沟通的过程，包括企业和学校之间的沟通、学校和学生之间的沟通、企业和学生之间的沟通，而这个沟通会耗费较多的时间和精力，投入过多，却并不一定能够达到预想的效果。

（二）长效机制缺乏，校企合作深度不够

校企合作双方的利益诉求不同，合作双方在合作过程中容易出现矛盾，使校企合作未能持续深入。由于 IT 行业整个人才市场出现严重的供不应求情况，导致 IT 类企业会在每年年初积极主动地寻求与高职院校合作，高职院校也会由于专业建设的需要，主动与企业合作，双方都会选择合作。但是这种仅从企业用工角度，或者仅从完成学生实习的角度考虑问题，难以让校企合作维持持久的动力，最终必然会"难产"或"夭折"，双方都选择不再继续合作。

（三）校企双方利益诉求出现矛盾，缺乏有效的监督机制

在真正的合作过程中，校企双方并没有从互惠、信任、合作的角度去做，或者是缺乏一个约束机制去规范双方，校企双方签署的合作协议很多停留在纸面上，没有被实际执行；或者"大而空"，无法执行，最终导致校企合作流于表面。博弈矩阵建立的前提条件之三是"双方在做决策时，没有其他机构或组织干预"，否则模型无法建立。此时，若有学校或者教育主管部门的干预，最终的"囚徒困境"应该会被突破。

（四）双方的信息沟通机制不畅

"囚徒困境"产生的很大一个原因，就是信息不对称。博弈一方在做决策时，并不知道对方的决策，因此只能从单方理性的角度选择对自己最有利的结果。

三、突破校企合作困境的对策

（一）提高校企合作的投资收益比

1. 提升教师社会服务水平

导致校企合作投资收益比较低的原因还有一个方面，就是高校反哺企业的能力不够。学校除了为企业培养优秀的人才，还应该提升教师的技能，为合作的企业人员提供培训。这不但能提升教师的教学能力，还能提升学

校的知名度，减少合作 IT 类企业的培训成本。

2. 政府和行业协会参与校企合作

政府和行业协会鼓励校企合作，给予校企合作的 IT 类企业和高职院校一定的补贴或专项资金支持，以期提高校企合作收益。另外，还可落实一定的税费减免政策，降低校企合作成本。

3. 成立职教集团

由咸阳市人民政府支持，咸阳职院牵头组建咸阳职业教育集团。2019年咸阳职业教育集团被评为全国第二批示范性职业教育集团（联盟）培育单位。职业教育集团组建运行的目的就在于，整合资源，对具有优势互补的资源进行最优配置，以集团化的形式提高职业教育的教学质量和效益，同时能够提升中小型 IT 类企业的知名度，增加企业的无形收益。这是"工学结合，携手育人"的好方式。

（二）加深校企合作的深度

1. 订单式人才培养

订单教育符合高职教育办学方向，是"产""学""研"结合的最佳实现形式。订单式人才培养是指根据企业的需求进行人才培养，企业需要什么样的人才，学校就培养什么样的人才。本着"资源共享、合作育人"的原则，咸阳职院曾先后与中国电信咸阳分公司、聚合软件技术有限公司、武汉厚溥教育科技有限公司签订"电信班""聚合班""厚溥班"等。这种定向培养方式大大提高了学生的技能水平，增加了学生对企业文化的认同，降低了企业的招聘成本和培训成本，加深了校企合作的深度。

2. 校企共建实践教育基地

咸阳职业技术学院与武汉厚溥教育科技有限公司共建校企合作实践教育基地。该基地于 2019 年通过国家级生产性实训基地的认定。基地的建设需要双方参与，建设周期为 3 年，并且必须要出成果。因此，这相当于在 IT 类企业和高职院校之间搭建了一座长效合作的桥梁。

（三）建立组织和制度保障

1. 加强监督

咸阳职院成立校企合作工作领导小组和校企合作指导委员会。校企合作工作领导小组由院长兼任组长，负责对学院校企合作工作进行宏观指导、协调与管理，研究决定在校企合作工作中的重大问题和重要事项，监督校企合作方案的执行，并参与考核。这让双方在选择校企合作单位的时候，会更加慎重，一旦决定合作后，一定就会严格按照签订的校企合作协议执行，这样做才不会让校企合作"夭折"。

2. 进一步建立健全的校企合作制度

《教育部 2017 年工作要点》(教政法〔2017〕4 号)中明确指出，进一步健全教育法律制度体系，配合做好《中华人民共和国职业教育法(修订草案)》和《校企合作条例》的审议工作。这也从侧面反映出了目前我国校企合作制度的缺失，《校企合作条例》既没有进一步完善，也没有一定的约束机制，必然导致校企合作流于表面。教育部等六部门在关于联合印发《职业学校校企合作促进办法》的通知(教职成〔2018〕1 号)中明确指出，产教融合、校企合作是职业教育的基本办学模式，是办好职业教育的关键所在。咸阳职院依据陕西省人民政府出台的《陕西省人民政府办公厅关于深化产教融合的实施意见》(陕政办发〔2019〕26 号)，在 2019 年 9 月 23 日审议通过了《咸阳职业技术学院校企合作管理办法》，进一步规范了校企合作的管理。

3. 建立健全的学生顶岗实习管理办法

《咸阳职业技术学院实践教学管理办法(试行)》明确规定：顶岗实习是校企合作的具体体现，是工学结合人才培养模式的重要组成部分。在实习期间，实习学生(除非常特殊情况者)必须服从分配，按照要求顶岗实习，完成顶岗实习任务。顶岗实习期间，不得私自更换实习单位，否则实习成绩以 0 分计。这也在一定层面上解决了企业担心支付高薪后，学生离职给企业造成损失的后顾之忧。

四、结语

自改革开放后，关于"工学结合、校企合作"的模式就一直在高职院校中被提及。计算机类专业也是计算机技术、信息技术发展的产物，此类人才的供不应求、供求不匹配已经成为制约 IT 行业发展的瓶颈。高职院校和 IT 类企业都应该积极主动寻求合作，并不断探索新的模式，拓展合作深度，最终才能突破困境，实现高职院校、IT 类企业、学生三方共赢的局面。

参 考 文 献

[1] 黄文伟，郭建英，王博. 混合所有制产业学院的生成逻辑与制度建设[J]. 职业技术教育，2019，40（13）：35-39.

[2] 周红利. 把产业学院建成企业人力资源的共享中心[N]. 中国教育报，2020-05-19（9）.

[3] 陈樱之，谢兆黎. 构建校企合作伙伴关系探索中国高职教育新模式[N]. 浙江日报. 2007-6-13（16）.

[4] 赵章彬. 高等职业院校混合所有制改革研究：从治理体系角度[J]. 中国职业技术教育，2019（04）：43-46.

[5] 朱跃东. 高职混合所有制二级产业学院建设的实践之惑与应对之策[J]. 中国职业技术教育，2019（01）：61-67.

[6] 张艳芳. 关于高职混合所有制产业学院的思考[J]. 职业教育研究，2017（10）：15-19.

[7] 郭雪松，李胜祺. 混合所有制高职产业学院人才培养共同体建设[J]. 教育与职业，2020（01）：20-27.

[8] 吕红刚. 高职院校二级学院混合所有制改革探索[J]. 中国职业技术教育，2019（10）：70-74.

[9] 徐伟，蔡瑞林. 交易成本：校企共同体产业学院治理的关键[J]. 中国职业技术教育，2018（9）：43-47.

[10] 李北伟，贾新华. 基于产业转型升级的高职院校专业设置优化策略研究：以广东省为例[J]. 中国高教研究，2019（5）：104-108.

[11] 许忠荣，庄子萱，杨秋明. 基于产业学院的应用型高校校企合作人才培养模式改革与实践：以宿迁学院京东商学院为例[J]. 时代金融，2020（11）：145-147.

附　　录

咸阳职业技术学院产业学院建设与管理办法

第一章　总　则

第一条　为深化产教融合，提升校企合作水平，促进教育链、人才链与产业链、创新链有机衔接，提升人才培养质量和产业发展质量，根据《国务院办公厅关于深化产教整合的若干意见》（国办发〔2017〕95 号）、教育部《职业学校校企合作促进办法》（教职成〔2018〕1 号）和教育部工信部印发《现代产业学院建设指南（试行）》（教高厅函〔2020〕16 号）文件精神，结合学院实际，制定本办法。

第二条　产业学院的总体目标是构建产、教、学、研、创、用全方位、全过程、深融合协同育人长效机制，促进人才培养供需双方紧密对接，改善学院专业结构，实现学院与产业、学院与企业之间的信息、人才、技术物质资源共享，将产业学院建设成为集人才培养、科学研究、技术创新、企业服务、学生创业和社会培训的多功能基地。

第三条　产业学院的建设原则必须坚持育人为本、服务产业、融合发展、共建共管原则。

（一）育人为本

产业学院建设必须以立德树人为根本，紧紧围绕人才培养的中心任务展开。推动学院人才培养供给与产业链紧密对接，培养、造就、支撑和引领行业发展需要的高素质技术技能人才。

（二）服务产业

产业学院建设必须明确专业群与产业链、人才链的对应关系，立足服务产业，明确定位和发展方向。

（三）融合发展

产业学院必须将应用型人才培养、"双师双能型"教师专业化发展、教师社会实践、学生实训实习、创新创业、科研成果转化、产品研发等功能有机融入，打造集产、教、学、研、创、用"六位一体"，互利、互动、多赢的实体性教育创新平台。

（四）共建共管

产业学院建设要调动地方政府、行业协会、企业机构积极性，按照共同建设、共同管理、共享资源、共担责任，权责对等的运行机制，明晰校企合作中的培养产权。

第四条　学院鼓励各二级学院根据行业产业需求，联合行业协会或龙头企业，整合相关学科专业教师、科研团队、教学科研平台资源，共建产业学院。建设内容包括：

（一）打造优势特色专业

深化专业建设内涵，突出产业导向和应用导向，推进专业与经济、管理、媒体、信息等新兴技术学科的交叉融合，着力将传统专业建设成为应用型优势专业；深入推进新型现代学徒制人才培养模式的改革；利用行业、企业资源积极开展职业等级证书认证，提高专业建设标准化、国际化水平。

（二）深化人才培养模式改革创新

突出产业导向和岗位需求导向，持续优化企业深度参与学院专业建设和人才培养的途径和模式。不断为产业学院引入最新设备、前沿技术、真实项目和行业人才，校企双方联合修订人才培养方案；联合开发行业课程和教材，联合实施教学和考核，联合开展实习实训，联合指导毕业设计，联合组织专业竞赛，推动人才培养模式改革向纵深发展；探索创新创业教育改革，提升学生创新创业能力，培养出一批创业精英人才。

（三）构建一体化实践实训平台

以引企驻校、引校进校、校企一体等方式，共建共享生产性实训基地。设计研发一体化的实践实训平台、社会实践项目和集生产教学于一体的实训设备。提供大学生社会实践和实习平台、实习岗位。利用产业学院实践实训教学平台，引导学生参与创新创业项目。

（四）项目攻关和创新产品研发

鼓励学院和企业整合双方资源，通过产业学院联合组建研发中心，发挥学院人才优势，开展企业项目联合攻关、产品技术研发、成果转化、项目孵化等工作；积极参与纵向课题联合申报，以科研促教学，将研究成果及时引入教学过程，将产业学院建设成为产学研合作示范基地。

（五）建设"双师双能"型师资队伍

依托产业学院内部管理机构设立若干教师专岗，支持行业协会、企业业务骨干、技术和管理人才到产业学院任教；探索实施企业教师（师傅）特设岗位计划，优先聘用"双师双能型"教师；开展校企教师联合授课，打造"双师双能型"教学团队；开展师资交流、研讨、培训等业务，将产业学院建设成"双师双能型"教师培养培训基地。

第二章　产业学院的设立

第五条　设立程序

产业学院的设立由学院各教学单位或教辅机构与政府机关、协会、企业等双方或多方共同商议、共同发起，执行审批制度。

（一）审批流程

产业学院的审批由二级学院牵头，部门负责向就业与校企合作处提交审批材料，按照以下流程办理审批手续：

1. 参照学院《咸阳职业技术学院校企合作管理办法》校企合作项目运行的项目审批流程，向就业与校企合作处提出产业学院立项申请。

2. 就业与校企合作处牵头，会同学院相关部门进行论证。对符合产业学院建设的目标、原则和内容者，形成立项建设意见。

3. 由牵头的二级学院准备产业学院建设项目的审批材料，提交院长办公会审批；设立混合所有制的产业学院，由党委会研究决定，并报省教育厅备案。

4. 获得批准后，按照批准的产业学院章程、建设方案，以及发起各方、共建各方所签订的协议进行建设和管理。

（二）审批材料

产业学院建设项目提交审批材料时须包含以下内容，与项目立项申请书一并提交：

1. 产业学院章程。

2. 产业学院建设方案（须含组织机构方案）。

3. 产业学院经费运行办法。

4. 产业学院五年建设规划。

第六条　产业学院实行双挂牌制，学院授予院内发起单位"×××产业学院"牌匾，授予院外合作单位"×××产业学院共建单位"或"×××产业学院校外实习基地"牌匾。

第三章　组织机构与管理职责

第七条　产业学院建设与管理须由学院二级学院，会同行业协会或企业组建，行使产业学院重大决策权。产业学院实行院长负责制，设院长一名、执行院长一名、副院长若干名。院长原则上由参与的双方或多方，经友好协商推选担任，也可由最大出资方担任。执行院长原则上由学院牵头的二级学院的主要领导担任。副院长由参与产业学院建立的双方或多方单位各指定一人担任。院长与执行院长的职责如下：

1. 主持院务会议，讨论决定教学、科研和行政管理工作中的有关事项。

2. 组织拟订和实施产业学院发展规划、基本管理制度、重要行政规章制度、重大教学科研项目。组织制定和实施具体规章制度、年度工作计划。

3. 负责产业学院教师队伍建设，依据有关规定聘任与解聘教师及内部其他工作人员。

4. 组织拟订和实施产业学院年度经费预算等方案。配合学院财务管理和审计监督。

5. 组织开展教学、科学研究和科技成果转化等活动，创新人才培养机制，提高人才培养质量，推进文化传承创新，服务国家和地方经济社会发展，将产业学院办出特色、争创标杆。

6. 组织开展产业学院对外交流与社会服务合作，依法代表产业学院与各级政府、社会各界等开展合作，接受社会捐赠。

7. 定期向院务会报告工作，实行院务公开。

第八条　设立产业学院办公室，办公室设主任一名，原则上由学院发起方指定人选担任，如果学院有多个单位参与的，则由院内牵头单位指定人选或协商决定担任的人选。院外发起方可以根据实际需求分别指派一人作为办公室副主任。办公室职责是：

1. 负责产业学院与企业、社会的联系，拓宽和企业的合作渠道与途径，拓展、提升产业学院的内涵。

2. 根据国家科技、教育、经济发展方向和学院人才培养实践需要，制订产业学院的工作规划和年度工作计划，统一协调和管理产业学院产学研用结合工作。

3. 建立健全产业学院的各项管理制度。

4. 推进产业学院向广度和深度发展，负责对产业学院具体实施情况进行考核。

5. 做好产业学院质量信息反馈，做好产业学院文件资料的收集、整理和归档工作。

6. 统筹资金使用，及时向院务会反馈资金使用情况。

7. 按照学院教务处要求的时间进度做好产业学院的课程教学计划与课程排课，确保产业学院的教学进度与学院的人才培养方案、教务管理系统、课程安排保持同步。

8. 负责产业学院的其他事项。

第九条　院务会议事规则与范围。每年至少召开两次院务会，如遇重大问题可随时召开。院务会组成人员为：产业学院院长、执行院长、副院长。院长办公室主任、副主任列席会议，其他列席人员由会议主持人确定。

院务会须有半数以上的成员出席方可召开。研究或决策某一问题时，院长及执行院长应到会。院务会议事范围包括：

1. 研究决定产业学院重要行政规章制度的制定、修改、废止。

2. 讨论产业学院年度工作计划和工作总结。

3. 研究决定产业学院的校企合作班招生计划。

4. 讨论产业学院年度经费收取及使用方案。

5. 讨论产业学院办学中有关培养方案制订、师资队伍建设、行业授课教师选派、课程建设、院内外实习实训基地群建设、校企联合科研及科技成果转化项目。

6. 需要院务会决定的其他重大事项和问题。

第四章　资金管理

第十条　院外发起单位提供的产业学院建设、运行等资金。具体数额、资金到账期限、资金使用范围由联合发起单位共同商议决定。

第十一条　财政专项资金。指学院拨付的运行经费，以产业学院名义申报成功的国家、省级建设项目等项目经费。该项经费按照财政专项管理办法和学院项目管理办法使用并支出，按照项目管理规定进行验收和绩效考核。

第十二条　专项收入资金。指产业学院通过开展专项业务活动及其辅助活动取得的收入，如展览会、评审会、培训费、信息费、课题研究、咨询服务、科技成果转化收入等。该项目资金按以下规定支出。

1. 科研经费支出。按《咸阳职业技术学院科研经费管理办法（修订版）》（咸职院字〔2019〕43号）等相关法规执行。

2. 科技成果转化经费支出。按《咸阳职业技术学院科技成果转移转化工作实施办法》（咸职院字〔2017〕66号）等相关法规执行。

3. 培训费支出。支出范围"一事一议"，上报学院批准后按学院相关财务制度执行。

第十三条　资金使用及审批要求。各项资金来源，分别按各项规定支出，实行逐级审批、财务监督控制的办法。院外发起单位提供的产业学院建设、运行等资金由经办人提出申请，经出纳、会计人员审核后，由院长、执行院长共同审批。临时性的大笔资金支出，在产业学院的院务会议备案。

第十四条　资金的使用信息公开要求。每个财政年度的资金使用情况，由产业学院办公室负责向院务会议报告一次。

第五章　学生管理与学分认定

第十五条　鼓励学院各二级学院调动学生的积极性和自主性，选择产业学院提供的专业课程模块、"1+X"证书课程融通标准或选修课程方案，达到通过产教融合提高人才培养质量的目标。选择产业学院的学生，不改变学籍隶属关系，通过课程学分置换获得学分认定。

第十六条　产业学院的学生必须按照学院学生管理相关制度的要求修满学分。产业学院的学生取得的学分，按照培养目标一致的原则，根据学院《咸阳职业技术学院学分制管理办法》文件的标准，替代或计入其所在专业的人才培养方案所规定的以学年学分制计算的相应各阶段的相同学分。产业学院提供的相关课程，须与该专业培养目标相一致时方可替代。在产业学院取得的学分，不得超出所在专业的专业人才培养方案按照学年学分制计算的全部学分。

第十七条　学分认定和登记程序。

学生在产业学院修得的专业课学分，需要替代成所在专业培养方案中的专业必修课或专业拓展课学分的情况，必须申请学分认定。

（一）申请学分认定的学生，须按照《咸阳职业技术学院学分制管理办法》的要求，经所在二级学院的院长或分管教学的副院长审核同意后，由教学办统一交教务处办理。

（二）学生申请认定学分以一次为限，一经确认不得修改。教务处不受理学生个人提交的学分认定申请。

第六章　终止和退出机制

第十八条　产业学院自发起各方签约之日起成立，存续时间由合作协议约定。发起各方在共建协议到期时一致决定不再续约或者学院与发起各方协商一致不再共建产业学院的，产业学院终止，学院收回相应的产业学院牌匾，已缴纳经费不予退还。

第十九条　共建企业具有以下条件之一的，由学院收回相应的产业学院牌匾以及取消其负责人在产业学院的任职，并且不退还其已经投入的各项资金。

1. 发起单位因业务转型或内部调整等原因而申请退出的。
2. 发起单位出现严重违法、违规以及违约行为，在行业内造成恶劣影响的。
3. 发起单位不履行相应的产业学院章程或管理办法约定的。

第七章　附　则

第二十条　本办法由就业与校企合作处负责解释。

第二十一条　本办法自印发之日起生效。